BUNTE
KOSMOS
TASCHEN
FÜHRER

W0376189

Bunte Kosmos-Taschenführer

Kosmos · Gesellschaft der Naturfreunde
Franckh'sche Verlagshandlung · Stuttgart

Dietmar und Renate Aichele
Heinz-Werner und Anneliese Schwegler

Lebensraum Alpen

Ein Kosmos-Biotopführer
120 Tiere und Pflanzen in Farbe

Kosmos · Gesellschaft der Naturfreunde
Franckh'sche Verlagshandlung · Stuttgart

Umschlag von Edgar Dambacher
unter Verwendung eines Fotos von Wilhelm Schacht
Das Bild zeigt Zirbelkiefern (Arven)
Mit 120 Farbfotos von W. Bechtle (1), W. Groß (3), W. Hausfelder (1), P. Kohlhaupt (45), H. Krischel (3), G. Quedens (3), H. Pfletschinger (1), J. Roede (1), F. Sauer (2), W. Schacht (5), H. Schrempp (35), K. Schwammberger (9), F. Siedel (1), K.W. Specht (4), W. Zepf (6)
sowie 79 Textzeichnungen

Franckh'sche Verlagshandlung, W. Keller & Co., Stuttgart/1975
Alle Rechte, auch die des auszugsweisen Nachdrucks,
der fotomechanischen Wiedergabe, der Übertragung in Bildstreifen
und der Übersetzung, vorbehalten
© 1975, Franckh'sche Verlagshandlung, W. Keller, & Co., Stuttgart
Printed in Italy - Imprimé en Italie - LH 14 dö - ISBN 3-440-04188-3
Gesamtherstellung: Artilitho, Trento (Italien)

Lebensraum Alpen

Vorwort

Wer in den Alpen wandert, tut das, weil ihm Landschaft und Lebewelt zusagen. Deutlich spürt er hier, wie eines vom anderen abhängt. Er sieht, wo der geschlossene Wald aufhört, und möchte wissen, warum. Niemandem, der von Viehlägern in Magerrasen zieht, entgeht der Unterschied. Oft aber liegen beide nur wenige Gehminuten auseinander. Was bewirkt den Unterschied? Wer in den Zentralalpen den Behaarten Almrausch sucht, wird sich schwertun, ihn zu finden. Dabei ist er in den nördlichen Alpenketten gar nicht so selten. Hier allerdings fehlt der Rostrote Almrausch. Von der Vegetation hängen Tiere ab. Gemsen leben, wo kein Reh hingelangt. Was befähigt sie dazu?

Auf solche Fragen möchte unser Buch aufmerksam machen, sie ins Bewußtsein heben und — wo möglich — kurz beantworten. Es möchte auch Verständnis dafür wecken, daß Landschaft und Lebewelt der Alpen in besonderem Maße erhaltenswert sind.

Bäume und Sträucher in den Alpen

Fichte

Sandkiefer

Bergkiefer

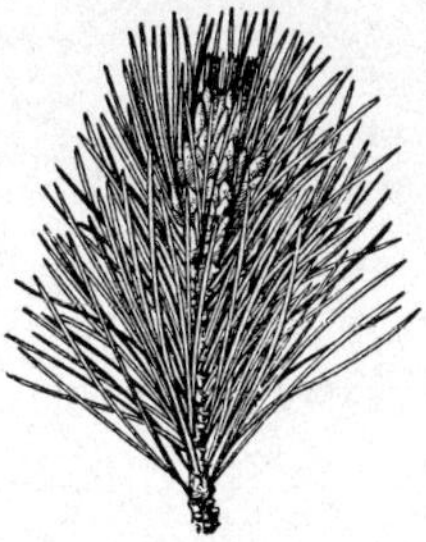

Zirbelkiefer (Arve)

Lärche

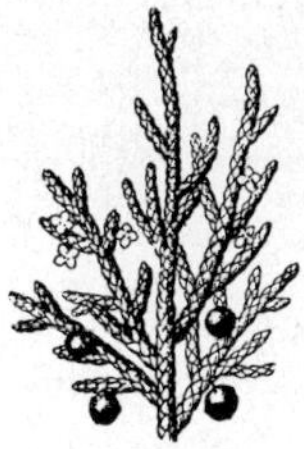

Sadebaum

Schwarzkiefer

Grünerle

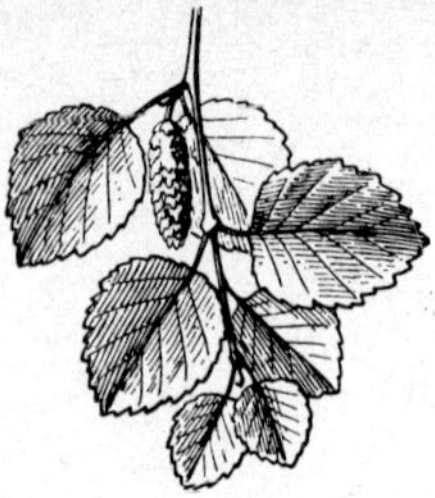

Moorbirke

Weißbirke

Vogelbeere

Bergahorn

Uferweide

Filzweide

Schweizer Weide

Edelkastanie

Rostroter Almrausch

Alpen-Spindelbaum

Echte Zwergmispel

Behaarter Almrausch

Felsenjohannisbeere

Rauschbeere

Gemeine Bärentraube

Alpenazalee

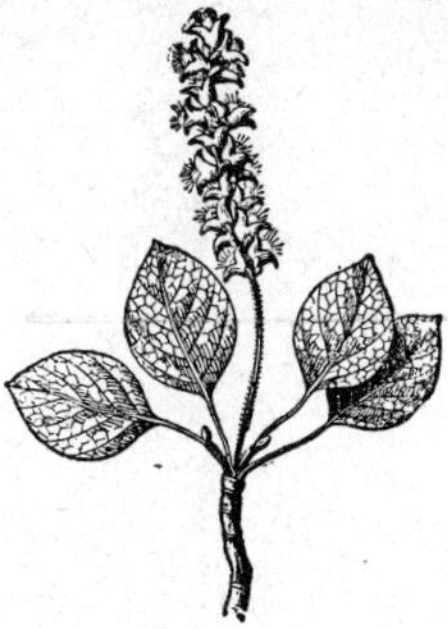

Netzweide

Bäumchenweide

Stutzweide

Krautweide

Die Alpen sind kein einheitlicher Lebensraum

Für den unbefangenen Beobachter heben sich die Alpen heraus wie kaum eine andere Landschaft sonst in Europa. Betrachtet man sie als Lebensraum, erwartet man dasselbe. Beim genaueren Zusehen fühlt man sich enttäuscht. Pflanzen wie Tiere, die im Alpenvorland ihren Verbreitungsschwerpunkt haben, besiedeln in zahlreichen Fällen zumindest den Fuß der Alpen. Die Alpen sind kein einheitlicher Lebensraum, ebensowenig wie andere Hochgebirge sonstwo auf Erden.

Mit der Höhe ändern sich zahlreiche Eigenschaften, die ein Klima prägen und damit Lebensmöglichkeiten direkt beeinflussen. Je höher man steigt, desto kälter wird es. Als Faustregel darf gelten, daß bei einem Anstieg um 200 m die Durchschnittstemperaturen um 1^{0} C sinken. An Nord- und Südhängen liegen die Linien gleicher Durchschnittstemperaturen unterschiedlich hoch. Die Alpen stauen an ihren West- und Nordflanken Luftmassen mit oft hoher Feuchtigkeit. Hier fallen „Steigungsregen". Im Windschatten oder in sinkenden Luftströmungen herrscht hingegen verhältnismäßige Trockenheit.

Behaarter Almrausch

Temperatur und Niederschlag bestimmen in engem Wechselspiel die Vegetationsdauer, die örtlich möglich ist. Unter einer geschlossenen Schneedecke können Pflanzen durch Photosynthese keine organische Substanz aufbauen. Dem gefrorenen Boden vermögen sie nur beschränkt — wenn überhaupt — Wasser und Nährsalze zu entnehmen.

Wie alle Landschaften haben auch die Alpen ihre Geschichte. Ihre Auffaltung mag vor etwa 100 Millionen Jahren begonnen haben. Die Hebungsphase ist möglicherweise noch nicht völlig abgeschlossen. Faltung wie Hebung erfolgten im Verlauf des Alpenzugs nicht mit der gleichen Stärke. Infolgedessen liegen — zumindest großräumig — nirgends dieselben Gesteine in derselben Höhe. In den Westalpen herrschen Granite und andere kristalline Gesteine vor. Etwa vom Berner Oberland nach Osten kann man die Alpen in die Nördlichen Kalkalpen, die Zentralketten mit kristallinen Gesteinen und in die Südlichen Kalkalpen aufgliedern. Da aus Kalkgestein und aus kristallinem Gestein durch Verwitterung Böden entstehen, die sich nicht nur im Kalkgehalt unterscheiden, sondern auch hinsichtlich ihres Säuregrades, der für manche Pflanzenarten die Grenze des Gedeihens zieht, unterscheiden sich Kalk- und Zentralalpen in ihrer Vegetation. So augenfällig die hierdurch bedingte Verschiedenheit im Pflanzenkleid besonders an den Grenzen von kalkreichen und kalkarmen, sauren Böden ist: Die Vielfalt und die örtliche Eigentümlichkeit der Flora wurden in noch höherem Maße durch die schwerwiegenden Klimaänderungen während der Vereisungsperioden und der seit ihrem Ende vor rund 10000 Jahren erfolgten Besiedlung der heutigen Standorte verursacht. Auch darf man nicht vergessen, daß gerade für Gebirgspflanzen Berge ein Hindernis sein können, um zufällig erworbene Eigenschaften durch Kreuzung mit Gleichartigen aus dem Nachbartal auszutauschen: Die bestäubenden Insekten — Bienen, Hummeln, Schmetterlinge — haben in ihrem Lebensraum Luft unsichtbare, doch sehr wirksame Höhenbarrieren.

In Ost-, Süd- und Westeuropa ist die Pflanzenwelt nicht gleich. Da von dort zumindest einzelne für das jeweils typische Gebiet charakteristische Pflanzen in die Alpentäler eingedrungen sind, hat auch die angrenzende Flora das Gesicht der Alpenvegetation mitgestaltet.

- Gesteinsschutthalde, die bereits wieder lückig bewachsen ist (oben links). - Almrausch in der Krummholzstufe (oben rechts). - Feuerlilien (unten links). Überrieselte Felsen in der Wimbachklamm (unten rechts).

Die Laub- und Mischwaldstufe

Edelkastanie

Noch gibt es in den Alpen zahlreiche Bergflanken, an denen man deutlich die Höhenstufen der Vegetation erkennen kann. Besonders aufschlußreich ist der Blick von einer Talseite auf die andere.
Typisch für die unterste Stufe sind Laubmischwälder, denen nach oben Buchen-Tannen-Wälder folgen. An ihre Stelle kann in verhältnismäßig niederschlagsarmen Teilen der Zentralalpen ein Kiefernwald treten. Erst über ihnen zieht sich der dunkle Streifen aus Fichten, den gelegentlich Lärchenbestände aufhellen. Am Übergang zur Latschenstufe sind Arven und Lärchen oft die letzten „Bäume". Zwergsträucher — wie Rhododendren und andere Heidekrautgewächse — sowie niedrige Weiden verbinden alpine Heiden und Matten.
Wärmeliebende Laubbäume, zu denen man auf der Alpennordseite die Eichen, auf der Alpensüdseite Edelkastanie, Hopfenbuche und Manna-Esche zählen darf, übersteigen höchstens örtlich 500-800 m. In dieser Hügellandstufe ist ohnedies überwiegend Siedlungsland. Wo es nicht zersiedelt ist, lohnt hier selbst anspruchsvollere Landwirtschaft.
Im Reich von Buche, Bergahorn und Tanne, je nach Breitenlage und örtlicher Gunst zwischen 800 und 1600 m, ist immerhin noch Ackerbau möglich. Ob man auf ihn verzichten darf, weil er derzeit meist der Kostenkonkurrenz des freien Marktes nicht mehr gewachsen ist, steht auf einem anderen Blatt. Warum dringen die Laubbäume nicht in größere Höhen vor, obschon sie doch gegenüber den meisten Nadelbäumen den Vorteil haben, im Winter ohne Laubkleid zu sein, und so dem Schneedruck weniger ausgesetzt sind? Da die Blätter die Produktionsstätten für organische Bau-, Speicher- und Betriebsstoffe sind, können sie überdies in der Zeit strengster Kälte nicht geschädigt werden; so werden laubabwerfende Gehölze vor empfindlichen Substanzverlusten bewahrt. Es ist dies auch eine Frage des Wasserhaushalts. Laubabwerfende Gehölze verlieren Wasser durch die Rinde. Durch die Knospenschuppen können die empfindlichen Blatt- und Blütenanlagen, die schon im Herbst für die neue Vegetationsperiode bereitgestellt sind, wirksam gegen Austrocknung geschützt werden.
Bedeutsam für die Höhengrenze ist die Länge der Vegetationsperiode, die einem Laubbaum zur Verfügung steht. Die Buche sollte zwischen Blattaustrieb und Blattwurf wenigstens 150 Tage haben, an denen sie photosynthetisch tätig sein kann. Das ist zur Not noch um den Gefrierpunkt möglich. Doch deckt dann der Gewinn gerade etwa den Verbrauch. Darüber hinaus muß indessen Holz gebildet und eine Nährstoffreserve angelegt werden. Eine Produktionsleistung, die das ermöglicht, verlangt aber Tagesmitteltemperaturen, die wenigstens bei 10^0 C liegen. Buchen gedeihen in Baumform nur, wo es solche Verhältnisse wenigstens während 120 Vegetationstagen gibt.
Wo Laub- und Mischwälder gut erhalten sind, beheimaten sie vielfach eine reiche Krautschicht mit manch botanischer Kostbarkeit. Auf feuchtem, humosem und kalkhaltigem Untergrund steht — leider nur noch an wenigen Stellen bis zu Höhen um knapp 1000 m — das Alpenveilchen, nicht selten zusammen mit der Christrose. Verbreiteter, aber dennoch schutzbedürftig ist der Schwalbenwurzenzian, der die Laubwaldstufe örtlich erheblich übersteigt und noch in der Zwergstrauchstufe gedeiht.

Bergahorn

Das Zweiblütige Veilchen ist in der Laubwaldstufe nicht selten (oben links). - Alpenveilchen hingegen zählen zu den Raritäten (oben rechts). - Hundszahn (unten links). - Christrosen (unten rechts).

Moosglöckchen

Die Nadelwaldstufe

In der Nadelwaldstufe stehen die eigentlich für unsere mitteleuropäischen obersten Höhenlagen typischen Bäume. Der bei weitem bedeutendste ist die Fichte. Natürlicherweise erreicht sie — von wenigen Ausnahmen abgesehen — im Alpengebiet ihre westliche Verbreitungsgrenze. Wenn wir sie heute in beinahe jedem Forst antreffen, verdankt sie das ihrer Wuchsfreudigkeit, ihrer leichten Kultivierbarkeit und ihrer vielseitigen Verwendbarkeit. Ödet sie uns im Flachland oder Mittelgebirge in Monokulturen, in „Stangenäckern", an, durch dichten Stand oft bis in die Wipfel verkahlt, am Boden kaum noch von einer Moosschicht umsäumt und an ungünstigen Standorten dem Windwurf ausgesetzt, so erfreut sie uns am Hochgebirgssteilhang durch ihre schöne Gestalt. Wo sie dem Wind nicht zu sehr ausgesetzt ist und steil steht, erhält sie verhältnismäßig viel und vor allem gleichmäßiger von allen Seiten Licht als im Flachland. Hier ist ihr Hauptfeind der Schnee. Schlanke Formen sind im Vorteil vor ausladenden; denn von ihnen rutscht der Schnee leichter ab.
Die Kiefer vermag als Trockenkünstlerin vor allem in den Zentralalpen noch Standorte zu besiedeln, an denen ihr die Fichte unterlegen ist. Noch widerstandsfähiger sind Arve und Lärche.
Ihre Nadeln — sieht man von der Lärche ab — schützen sie neben anderen Einrichtungen durch einen Wachsüberzug vor Wasserverlusten. Zugleich vermögen sie bei 3-5^{0} C unter dem Gefrierpunkt wenigstens noch so viel organische Substanz durch Photosynthese aufzubauen, wie sie verbrauchen. Dies gibt ihnen im zeitigen Frühjahr und im Spätsommer den entscheidenden Konkurrenzvorteil gegenüber den Laubbäumen und die Überlegenheit bei der Besiedlung größerer Höhen.
Die Lärche steht „produktionstechnisch" zwischen laubwerfenden Bäumen und immergrünen Nadelhölzern. Ihre Berindung schützt sie gut gegen winterliche Wasserabgabe. Die zahlreichen feinen Nadeln vermögen selbst in kurzen Sommern rasch zu produzieren. Selbst in strahlungreichen Lagen erträgt sie vollen Lichtgenuß.
Gebirgsnadelwälder sind in der Regel lichter als Nadelforste in der Ebene. Daher ist in ihnen eine gut ausgeprägte Krautschicht häufig. Zu ihren schönsten, leider auch seltensten Gliedern zählt zweifellos die Schwarze Akelei, die einen sommerwarmen Platz auf kalkhaltigem Boden in geschützter Lage verlangt. An feuchten und nicht zu sonnigen Plätzen findet man gelegentlich die Schneeheide, die ihre Blüten schon unter dem Schnee entfaltet, obschon sie von Bienen bestäubt wird, sobald die Sonne genügend Schnee abgetaut hat. Eher am Waldrand steht auch die Bayerische Sterndolde, wohingegen der Klebrige Salbei auch noch bei kräftigem Schatten durchkommt.
Ihn brauchen die praktisch blattgrünfreien Orchideen Widerbart und Korallenwurz geradezu. Sie gedeihen nur auf Rohhumus aus Nadelstreu, der von Pilzen durchsponnen wird. Mit solchem Pilzgeflecht stehen ihre Wurzeln in Verbindung, und aus ihnen beziehen sie die Nährstoffe, die sie brauchen und nicht selbst herstellen können. Zu den größten Seltenheiten des alpinen Nadelwaldes gehört das Moosglöckchen. Es verlangt bemoosten Rohhumus, in den es seine Wurzeln wenigstens 15-20 cm tief eintreiben kann. Sein Hauptverbreitungsgebiet erstreckt sich durch den Nadelwaldgürtel im hohen Norden.

Die Netzblatt-Orchidee ist typisch für die Nadelwaldstufe, wird aber oft übersehen (oben links). - Lärchen zeigen sich an sonnigen Herbsttagen von ihrer schönsten Seite (oben rechts). - Arve (unten links). - Kleines Wintergrün (unten rechts).

Schneeheide

Alpen-Rose

Die Krummholzstufe

Standfestigkeit und Zähigkeit verwenden wir in der Alltagssprache hinsichtlich menschlicher Eigenschaft in fast gleicher Bedeutung. Eine Art in der Krummholzstufe zumindest lehrt uns unterscheiden: die Bergkiefer. In ihrer „ Latschenform " erreicht sie kaum Höhen von mehr als 3 m. Unter Schneedruck legen sich die Äste dank ihrer Zähigkeit und ihrer buschähnlichen Verzweigung um, bis schließlich nahezu die ganze Pflanze von Schnee bedeckt ist.
Deshalb hält die Krummholzstufe in Höhen zwischen etwa 1800-2200 „stand". Örtlich ist sie allerdings selten mächtiger als 150-200 m, und meist stehen in ihr auch noch die letzten Pioniere von Arve und Lärche. Bezieht man die Fläche der Blattmasse auf die des überwachsenen Bodens, so ist sie deutlich kleiner als im geschlossenen Wald oder im bachbegleitenden Erlengebüsch. Dabei scheint das Krummholzgestrüpp nicht selten recht undurchdringlich. Der Unterschied zum Wald kommt nicht nur durch die geringere Höhe, sondern auch durch die Schmalblättrigkeit vieler Arten zustande. Anschaulich zeigen dies Almrausch und das Niederliegende Felsenröschen. Hört man überdies von der Frostempfindlichkeit des Almrauschs, fragt man verblüfft, warum diese Arten so große Höhen besiedeln.
Die Erklärung liegt in der durchschnittlichen winterlichen Schneehöhe. In strengen Frostzeiten ist die Schneedecke hier selten dünner als 1 m, doch stellt die doppelte Mächtigkeit kaum irgendwo einen Rekord dar. Man darf also davon ausgehen, daß der Frostschutz, den Schnee gewährt, unter natürlichen Bedingungen den Krummholzgürtel ermöglicht. Bei —20° C Lufttemperatur liegt die Schneetemperatur 10 cm unter der Oberfläche bei —10° C, in 50 cm Tiefe gar bei —2° C. Mit einer Schneeüberdeckung von 50 cm „darf" aber der Almrausch an fast allen seinen Standorten „rechnen"; denn auch er legt sich nieder. Das „Sich-legen-Können" veranlaßt viele, statt von „Latschen" anschaulicher als von „Legföhren" zu sprechen. Frag„würdig" wird weiter, warum denn mit Beginn der Krummholzstufe der geschlossene Wald so plötzlich aufhört, obgleich einzelne Baumexemplare bis zur „ Baumgrenze " zwischen den Zwergsträuchern gedeihen. Sind es die kurzen Sommer oder die langen Winter ? Beide haben ihren Anteil. Wo wegen zu langanhaltender Kälte eine den Verbrauch übersteigende Produktion nicht wenigstens 3 Monate möglich ist, können die jungen Nadeln nicht vollkommen genug heranwachsen. Insbesondere bleibt ihre Schutzschicht gegen Wasserverlust zu dünn. Nur an Stellen mit besonders günstigem Kleinklima können deshalb einzelne Bäume oder Baumgruppen die recht klare Waldgrenze übersteigen. Bei Einzelbäumen können auch erbliche Eigenschaften, die in dieser Zusammensetzung selten auftreten, eine etwas größere Widerstandskraft bedingen.
Vor allem die Äste, die nicht von Schnee bedeckt werden, verlieren bei Arven im Frühjahr sehr viel Wasser, das aus dem Boden nicht nachgesaugt werden kann. Schließlich ist die Kraft der Frühjahrssonne im Gebirge ebenso berühmt wie der trocknende Föhn berüchtigt. Auch die Lärchenäste werden von Wasserverlusten nicht ganz verschont. Sie erklären die häufig nur oben verkahlten „Wetterformen" beider Arten.

Alpenwaldrebe

Blüten der Alpenwaldrebe (oben links). - Selten geworden ist die Alpen-Rose (oben rechts). - Die Alpenazalee wächst am Oberrand der Krummholzstufe (unten links). - Bergkiefer (unten rechts).

Die Hochstaudenflur

Alpenmilchlattich

Durch Rinnen und Runsen fließt Kaltluft zu Tal. In Senken und Mulden staut und sammelt sie sich. Es bilden sich „Kaltluftseen". Dadurch kann hier die Durchschnittstemperatur jener gleichen, die oberhalb der Krummholzstufe herrscht. Rinnen wie Mulden ist ein Faktor gemein, der oberhalb der Krummholzstufe fehlen kann: Sie sind feucht. Bekanntlich rinnt Wasser immer bergab. Dabei nimmt es Bodenteilchen und gelöste Nährsalze mit. Ist die Fließgeschwindigkeit nicht zu groß, sind die Bodenteilchen fein genug, um Nährstoffe dank ihrer Ladung zu halten, dann entstehen hier nicht nur feuchte und kalte, sondern auch nährstoffreiche Böden. Wo dies an der Waldgrenze, im Krummholzbereich oder unmittelbar darüber ebenso gegeben ist, vermag sich deshalb derselbe Pflanzenbestand einzustellen wie in nährstoffreichen, feuchtkalten Mulden oder an entsprechenden Runsen. Hinsichtlich der Feuchtigkeit ist dies in den luftfeuchteren und niederschlagsreicheren Außenketten der Alpen eher der Fall als in den trockeneren Zentralalpen.

Welche Eigenschaften brauchen Pflanzen, die an solchen Örtlichkeiten gedeihen sollen? Sie müssen ihre Überwinterungsorgane bodennah oder gar im Boden haben. Damit erreichen sie größtmöglichen Frostschutz. Zudem müssen sie — und viele können das nur dank des Nährstoffreichtums — rasch die für die Vegetationsperiode benötigte Substanz aufbauen können. Sowohl der Kahle als auch der Graue Alpendost zeigen die fraglichen Eigenheiten, desgleichen der Alpenmilchlattich und die Österreichische Gemswurz. Der Alpenrachen verlangt einen mulligen Boden. Gleich manch anderen Braunwurzgewächsen ist er ein Halbschmarotzer. Das Alpenheilglöckchen gehört zu den schönsten Pflanzen dieser Gesellschaft.

Wo in der Nadelwaldstufe gerodet wurde, um Viehweiden anzulegen, oder wo es oberhalb von ihr intensiven Almbetrieb gibt, muß das Vieh auch Tränken haben. Naturgemäß verweilt es in ihrer Umgebung verhältnismäßig lange. Aus dem abgesetzten Kot werden die Nährsalze aus- und in die muldentieferen Stellen eingewaschen. Durch diese „Düngung" wird in der Umgebung derartiger „Viehläger" ein ähnliches Nährstoffangebot wie in natürlichen Senken geschaffen. Es wird mengenmäßig eher vergrößert. Besonders aber nimmt ein Bestandteil zu, die Stickstoffsalze. Durch sie werden Hochstauden wie der Blaue Eisenhut, der Weiße Germer, der Alpenampfer und das Alpengreiskraut besonders gefördert.

In wechselnder Zusammensetzung vermag sich die Hochstaudenflur auch überall da zu entwickeln, wo zeitweise für sie günstige Wuchsbedingungen herrschen. Das kann in den Waldstufen durch Windwurf, Lawinenbruch oder Erdrutsche ebenso geschehen wie durch einen unüberlegten Kahlschlag. Dennoch überwiegt hier der Nutzen, den diese Gesellschaft dadurch bringt, daß sie zu große Bodenabschwemmung verhindert.

Schutthalden, die ihre Pionierbesiedlung hinter sich haben, nicht mehr wandern und in die genügend Feinerde eingeschwemmt worden ist, stellen ebenfalls vorübergehende Standorte dar. Regelmäßiger findet man Arten aus der Hochstaudenflur jedoch am Rande von bachbegleitendem Gestrüpp, in dem die Grünerle vorherrscht.

Alpenampfer

Der Alpenampfer bedeckt in der Hochstaudenflur örtlich größere Flächen, vor allem an Viehlägern (oben links). - Grauer Alpendost (oben rechts). - Österreichische Gemswurz (unten links). - Blauer Eisenhut (unten rechts).

Krautweide

Schneeböden und Schneetälchen

Schnee bietet überdeckten Pflanzen nicht nur Frostschutz. Er kann vielmehr ähnliche Wirkungen haben wie ein Kühlschrank. Wirkungsvoll zeigt sich dies, wo er länger liegenbleibt und oft erst 4-6 Wochen später wegtaut als in unweiter Umgebung. Senken, die winters vollgeweht werden, und Rinnen, mit denen mehr oder minder stark dasselbe geschieht, weil sie im Windschatten liegen, sind Paradebeispiele. Kommt dann noch Schattenlage hinzu, kann das Aufapern bis zu 3 Monate dauern. Es schreitet oft vom Rande zum Muldentiefpunkt, bzw. zur Rinnenachse fort. Im Rieselbereich von Tauwasser ist der Boden stets kalt. Schmelzwasser sickert überdies an solchen Stellen meist langsam in den Boden ein. Deshalb vermag es nur feinste Bodenbestandteile mitzuführen und abzulagern. Feinkörniger Boden indessen staut und speichert Wasser, sofern er sich nicht an zu steilem Hang befindet.

Böden, die von monatelang mit etwa gleicher Temperatur ankommendem Schmelzwasser durchsickert werden, feinkörnig und stets feucht sind, nennt man Schneeböden; wo sie rinnig auftreten, Schneetälchen.

Im äußeren Bereich dieser Standorte findet man in der Regel die Krautweide. Der verholzte Sproß dieses eigenartigen Strauches kriecht fast nur unterirdisch, so daß über der Erde nur die krautigen Triebe zu sehen sind. Ihre Produktionskraft ist sehr groß. Daher erträgt die Krautweide 8-9 Monate im Jahr Schneedecken. Ihre Erneuerungsknospen sind — da in der Erde liegend — hervorragend vor Frost geschützt. Allerdings braucht die Krautweide sauren Boden.

Auf Kalkuntergrund vertreten sie an entsprechenden Stellen Netz- und Teppichweide. Oft bilden sie entlang der Schneetälchen ganze Spaliere. Die auffälligsten Pflanzen der Schneetälchen sind indessen Alpen- und Zwergtroddelblume. Sie entfalten ihre Blütenglöckchen meist schon unter dem Schnee. Bestäuber sind in erster Linie, wenn nicht ausschließlich, Hummeln. Für sie ist der Tisch in anderen Pflanzengesellschaften längst gedeckt. Die Troddelblumen in den Schneetälchen stellen nur eine Bereicherung in der Nahrungspalette dar.

Die Zwergtroddelblume braucht gleich der Krautweide sauren Boden und kommt daher mit ihr zusammen vor. Gleichermaßen verhält es sich mit der Alpentroddelblume und mit Netz- bzw. Teppichweide.

Mit kurzer Vegetationszeit kommen auch Alpenhahnenfuß und Alpenehrenpreis aus; ersterer liebt Kalk, letzterer meidet ihn. Beim Alpenehrenpreis werden Samen bemerkenswerterweise durch Selbstbefruchtung gebildet, eine gute Sicherung für Jahre, in denen lange Schnee liegt.

Etwas weniger anspruchsvoll an den Säuregrad des Bodens ist der Bayerische Enzian. An manchen Stellen kommt er noch recht häufig vor. Auf eher kalkarmem Untergrund gedeiht auch der Gelbling noch in Schneetälchen, doch bevorzugt er Standorte, die ihm eine wenigstens viermonatige Vegetationszeit belassen. Nur drei Monate genügen Mannsschildsteinbrech und Blauer Gänsekresse.

Unterschreitet die Vegetationsperiode in Schneetälchen im langjährigen Jahresdurchschnitt drei Monate, bleibt aber noch über oder um zwei Monate, dann kommen nur noch Moose, z. B. das Sechseck-Widertonmoos durch.

Bayerischer Enzian

Die Blaue Gänsekresse findet man fast nur in Schneetälchen (oben links). - Die bekannteste Pflanze der Schneetälchen ist wohl die Alpentroddelblume (oben rechts). - Mannsschildsteinbrech (unten links). - Gelbling (unten rechts).

Edelweiß

Magerrasen und Matten

Die strauchfreien Grünflächen, die in den Alpen fast stets in über 2000 m Höhe angetroffen werden, ziehen den Pflanzenfreund besonders an, denn dort findet er manche Kostbarkeit. Doch wie ist es hier um die Lebensmöglichkeiten für Pflanzen bestellt?
Neben der Kürze der Vegetationszeit, die 140-160 Tage beträgt und nur selten länger dauert, beeinträchtigt Nährstoffmangel das Pflanzenwachstum. Die hohen Niederschläge waschen selbst aus feinkrümeligen Böden über Kalk lösliche Bestandteile aus und schwemmen sie ab. Allerdings kann durch die hohe Strahlungsstärke ebenso wie durch Wind der Boden rasch austrocknen. Ist die Bodendecke über dem Muttergestein dünn und gibt dies Nährstoffteilchen rasch ab, dann vermögen sie mit dem Wasserstrom aufzusteigen und gelangen in den Wurzelhorizont der Pflanzen. Dieser liegt vielfach erstaunlich oberflächennah, sieht man von den Arten ab, die außer Matten noch Felsspalten besiedeln und dies meist nur deshalb können, weil sie Pfahlwurzeln tief in den Untergrund senken. Rechnet man beide einander entgegenwirkenden Vorgänge gegeneinander auf, bleibt eine absolute Nährstoffarmut. Zu ihr gesellt sich eine relative. Sie betrifft fast ausschließlich Stickstoffsalze. Im Boden entstehen sie durch Verwesung organischen Materials. Außerdem gibt es im Erdreich Bakterien, die den Stickstoff der Luft binden können. In den Böden der Matten ist Stickstoff infolgedessen mindestens im selben Maße in einer Form vorhanden, in der ihn Pflanzen verwerten könnten, wie andere Nährsalze auch. Dennoch kann er nicht voll ausgenützt werden, weil er von Pflanzenwurzeln bei tiefen Temperaturen nicht bestmöglich aufgenommen werden kann. Manch scheinbare Anpassung der Pflanzen an Trockenheit, wie die Rosettenbildung dicklicher Blätter bei Mannsschildarten oder die lederigen Blätter des Alpenaugentrosts und der Silberwurz, erklärt sich aus Stickstoffmangel.
Diesen einschränkenden Bedingungen steht die hohe Strahlungsintensität fördernd gegenüber. Da der Boden meist genügend nutzbare Feuchtigkeit enthält und schon durch Wind ein Dampfdruckgefälle zwischen Pflanze und Luftraum entsteht, ist untertags bei Temperaturen über 5° C eine Photosynthese möglich, bei der mehr organisches Material gebildet wird, als die Pflanze in vierundzwanzig Stunden verbraucht. Es kommt oberhalb dieser Schwelle folglich zur Reservebildung. Je günstiger die Bedingungen sind, desto größer ist sie. Bestenfalls können alle Pflanzen auf einer Matte, die einen Quadratmeter Boden bedecken, 15-20 g Kohlenhydrate an einem Tag herstellen. Theoretisch genügten rund 50 günstige Tage, um den Pflanzen das Überstehen der unwirtlichen Jahreszeit und Samenvermehrung zu sichern! Pflanzen, die auch Magerrasen der Mittelgebirge besiedeln, finden wir folglich auf den Matten: Arnika, Narzissenblütiges Windröschen, Frühlingsküchenschelle und Brillenschote. Hier ist aber auch die Heimat der Kugelorchis, des Kohlröschens, des Pyrenäenhahnenfußes, des Alpen- und des Goldhabichtskrautes, der Straußglockenblume und vieler Enzianarten, nicht zu vergessen Ganzrandige, Klebrige und Mehlprimel. Auf den Matten ist auch das Edelweiß zu Hause; doch hat es Unverstand an den meisten Orten ausgerottet oder dezimiert, da Matten häufig leichter zugänglich sind als Felsbänder, in denen es ebenfalls gedeiht.

Mehlprimel

Das Quirlblättrige Läusekraut besorgt sich einen Teil seiner Nährstoffe als Halbschmarotzer auf Kosten anderer (oben links). - Punktierter Enzian (oben rechts). - Klebrige Primel (unten links). - Pyrenäenhahnenfuß (unten rechts).

Felsbänder und Grate

Graugrüner Steinbrech

Das Vorkommen von Pflanzen wird nicht nur von Bedingungen bestimmt, unter denen sie bestmöglich leben können, sondern auch von solchen, die ihnen noch ein Gedeihen ermöglichen, Konkurrenten aber nicht mehr. In hohem Maße gilt dies für die Besiedler von Graten und Felsbändern. Zugleich ist bemerkenswert, daß Felsbänder und Grate zu den wenigen Standorten gehören, die in Mitteleuropa durchweg vom Menschen unbeeinflußt sind und daher nicht nur eine naturnahe, sondern im Wortsinn eine natürliche Vegetation tragen.
Welches sind die hervorstechendsten Merkmale dieser Standorte? Räumlich sind sie in der Regel klein. In einem Felsband, einer Spalte, die hangparallel oder schräg ins anstehende Gestein eindringt, haben meist nur wenige Individuen nebeneinander Platz. Selbst wenn die Besiedelung unserem Auge lückig erscheint, so ist sie doch so dicht wie möglich. Beschränkend wirkt hier nicht der „Lichtraum", in dem Photosynthese erfolgt, sondern der Wurzelraum, in dem sich die Pflanze nicht nur verankern muß — man denke an die Kraft des Sturmes —, sondern aus dem sie auch Feuchtigkeit und Nährstoffe bezieht. Sieht man von Kalkscheu und Kalkbedürfnis einmal ab, dann kann man verallgemeinern: Nährstoffe sind in Felsspalten immer rar. Es fehlt an Feinerde, die sie festhalten könnte. Hinsichtlich des Stickstoffes sind Rohstoffe — verwesendes organisches Material — oder Primärproduzenten — stickstoffbindende Bakterien — selten. Pflanzen, die solche Bakterien symbiontisch in ihren Wurzeln beherbergen und die Nachteile des Standortes ertragen, sind begünstigt. Das gilt besonders für die Fahnenwicken-Arten, von denen mehrere für Felsspalten typisch sind.
Was Feuchtigkeit anbetrifft, so sticht meist die Unbeständigkeit hervor. Wo Wasser sickert, können Spalten dauerfeucht sein. Wegen der Feinerdearmut trocknen sie indessen schon bei sehr starkem Wind und Einschränkung der „Lieferung" weit hinab in hohem Maße aus. Zumindest die oberen Wurzelteile der Spaltenbesiedler müssen daher entweder Verdunstungsschutz haben oder gegen zeitweilige Trockenheit wenig empfindlich sein. Andererseits bieten Feinerdearmut, Gesteinstrümmer — die man wegen der in den Hochlagen stets bedeutenden Verwitterung immer reichlich findet — der Luft guten Zugang. Die Sauerstoffversorgung im Wurzelbereich dieser Pionierpflanzen ist also überdurchschnittlich gut.
Die Gesamtmasse des Wurzelsystems, das Spaltensiedler entwickeln, bleibt aber in Anbetracht der wachstumsfeindlichen Umstände ziemlich klein. Es entwickelt sich vorwiegend in die Tiefe, weniger allseitig in den Wurzelraum. Schließlich ist in „Notzeiten" nur aus der Tiefe noch Rettung zu erwarten. Hier ist Dickblättrigkeit, wie sie bei Mannsschildarten und bei Steinbrecharten auffällt, eine echte Anpassung an einen trockenen Standort. In diesen „sukkulenten" Blättern vermag die Pflanze Wasser zu speichern.
An Graten sind im Vorteil Pflanzen, die bei tiefreichendem Wurzelwerk kleine, dem Untergrund angepreßte Rosetten besitzen. Dadurch bieten sie dem Wind keine Angriffsfläche. In der Regel ist die photosynthetische Produktionskraft ihrer Blätter besonders hoch. Für sie ist es von Vorteil, das volle Tageslicht zu genießen, zu dem sie im Pflanzenverband wegen ihres niedrigen Wuchses nie gelangten.

Alpenmannsschild

Die geringe Blattfläche bedeutet für die Faltenlilie Verdunstungsschutz, andererseits Einschränkung der Produktionsmöglichkeit (oben links). - Nacktstengelige Kugelblume (oben rechts). - Gletschernelke (unten links). - Traubensteinbrech (unten rechts).

Felsschutt

Alpenmohn

„Schutt" hat heute einen schlechten Beigeschmack. Doch ist es gerade bei der Beschreibung der Verhältnisse in den Alpen angebracht, zwischen zwei Trümmerformen anstehenden Gesteins zu unterscheiden: dem Gesteins- oder Felsschutt und dem Geröll. Schutt entsteht unmittelbar durch Verwitterung. Gerölle müssen durch fließendes Wasser bewegt, gerollt worden sein.

Von allen Verwitterungsvorgängen hat der Spaltenfrost an der Schuttbildung den größten Anteil. Wasser dringt in Risse und Spalten ein, bleibt dort, gefriert, dehnt sich aus, erweitert sein Behältnis, gefriert erneut, bis schließlich Wandteile des Behältnisses abbrechen und auf das nächstniedrige Niveau herabstürzen, wo sie sich ansammeln. Auf diese Weise entstehen am Fuß von Felswänden ganze Schuttkegel und Schutthalden. Nicht vernachlässigen darf man indes die Temperaturverwitterung. Gesteine sind schlechte Wärmeleiter. Die Teile, die Wärme aufgenommen haben, dehnen sich aus. Die anderen behalten ihr Volumen. Selbst bei gleichartigem Material führt dies zum Zerspringen oder Absplittern. Bei ungleichem Material kommt die verschiedene Aufnahmefähigkeit für Wärmeenergie von dunkleren und helleren Gesteinsbestandteilen komplizierend hinzu. Derartige Gesteine „vergrusen". Zwischen großen Trümmern liegen feinkörnige.

Vergrusung führt zur Bildung eines mineralischen Rohbodens. Lagern sich verwesende organische Bestandteile ein, vermag sich Feinerde zu bilden. Selbstverständlich geht das, bezogen auf „Umgangszeitmaße", recht langsam. Vergegenwärtigt man sich, daß Gesteinsschutt zumeist stark abböscht und laufend nachgeliefert wird, versteht man, warum Schutthalden auch unter günstigen Umständen feinerdearm bleiben. Denkt man überdies an die hohen Niederschläge, begreift man nicht nur, wieso dieser Zustand erhalten wird, sondern überdies, aus welchem Grunde Schutthalden zum Rutschen neigen.

All dies macht Pflanzen das Leben auf Felsschutt schwer. Wer unter diesen extremen Bedingungen überleben will, braucht unabdingbare Voraussetzungen. Sein Wurzelwerk muß sich sowohl in die Tiefe als insbesonders auch oberflächennah allseitig ausdehnen können. Nur so können die spärlichen Nährstoffe und das nicht immer unbeschränkt vorhandene Wasser genutzt werden. Die oberirdischen Organe aller Schuttbesiedler können vergleichsweise klein bleiben. Die hohe Strahlungsstärke ermöglicht eine ausreichende Stoffproduktion.

Die Pflanzenwelt hat Rückwirkungen auf die weitere Entwicklung einer Schutthalde. Die Durchwurzelung festigt zunächst den Gesteinsverband und erschwert oder verhindert sogar sein weiteres Rutschen. Zeiten verhältnismäßigen Stillstands wechseln mit solchen raschen Wanderns und Anwachsens. Dann kann kurzzeitig die Vegetation großenteils oder — seltener — ganz ersticken. Gleichwohl leistet sie noch dann den nachfolgenden Besiedlern einen wesentlichen Dienst: Sie liefert organische Substanz, die die Feinerdebildung begünstigt.

Typische Pflanzen des alpinen Gesteinsschutts sind das Alpenleinkraut, der Säuerling, Mannsschildarten, die Alpengänsekresse, die Gemskresse, das Rundblättrige Hellerkraut, Alpenmohn, Steinbrecharten, Arten des Felsenblümchens, Gletscherhahnenfuß, Kriechendes Gipskraut und Kriechende Nelkenwurz. Auch die Schwarze Edelraute ist hier zu Hause. Dank ihres Rufs als Volksheilmittel ist sie leider fast ausgerottet.

Alpenleinkraut

Hier steht der Säuerling zwischen ziemlich grobem Schutt (oben links). - Polster des Moossteinbrechs (oben rechts). — Der Gletscherhahnenfuß gehört zu den Blütenpflanzen, die am höchsten steigen (unten links). - Kriechende Nelkenwurz (unten rechts).

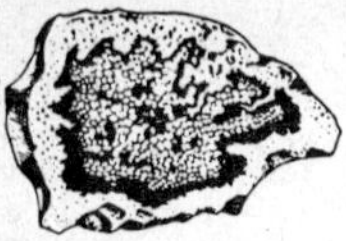

Landkartenflechte

Felsbewohner mit Doppelleben

Felsen sind selten nackt. Bis in die höchsten Zonen ist ihre Oberfläche von Flechten durchsetzt. Im Frost zerkrümeln wachsende Eiskristalle ihre Lager, die Hitze der direkten Sonneneinstrahlung dörrt sie so aus, daß sie bei der geringsten Berührung zu Staub zerbröseln. Doch sie überdauern all diese Fährnisse, sie vermehren sich, sie wachsen — wenn auch nur wenige Millimeter pro Jahr —, sie durchdringen die Gesteinsrinde, bohren sich in die mikroskopisch feinen Haarrisse ein, lösen auf und lockern, so ihren Teil zur Verwitterung der harten Felsen beitragend. Die verschiedenartige chemische Zusammensetzung und die unterschiedliche Struktur des Gesteins haben zu einer Spezialisierung der Arten geführt: Wir können zumindest zwischen Kalkflechten und Kieselflechten unterscheiden. Letztere bilden ansehnliche Krusten und dringen mit ihren Haftfäden weniger tief in das Gestein ein. Die Siedler auf Kalk oder Dolomit entwickeln oft ein weitreichendes Fadengeflecht im Untergrund, während sie nach außen als kaum stecknadeldicke Wärzchen in Erscheinung treten. Zwei ganz verschiedene Pflanzen haben sich hier zu einem Doppelwesen zusammengefunden. Jede Flechte besteht aus einem Pilz und einer Alge. Der einzellige Algenpartner stammt aus der Gruppe der Blaualgen oder der Grünalgen. Der Pilz gehört bei unseren heimischen Flechten zu den Schlauchpilzen. Seine Fäden sind es, die den Fels durchziehen, er umspinnt die Algen und bringt sie in günstige Lage für optimalen Lichtgenuß. Er versorgt sie mit Wasser und Nährsalzen; und das für die Photosynthese wichtige Kohlendioxid wird durch seine Atemtätigkeit vermehrt. Nur die Algen sind zur Photosynthese fähig. Sie produzieren dabei organisches Material, z. B. Zucker und Stärke. Der Pilz, der solche Stoffe nicht selbst herstellen kann, parasitiert nun auf den sich prächtig vermehrenden Algen. Im Mikroskop sieht man viele leere Zellhüllen innerhalb des Algenlagers der Flechte. Das Zusammenleben ist also nicht so friedlich, wie es auf den ersten Blick erscheinen mag. Trotzdem bringt es für beide Vorteile: Es können Standorte besiedelt werden, die der einzelne für sich allein kaum bewohnen könnte. Dem Pilz fehlen hier die organischen Stoffe, die er sonst aus Moder oder an anderen Pflanzen schmarotzend aufnimmt. Die Alge allein findet nicht die ausreichenden Bedingungen vor, die zur Produktion von organischem Material nötig sind. An günstigeren Standorten findet man die beiden Symbionten oft als Einzelgänger vor. Die Flechte ist aber mehr als die Summe aus Alge und Pilz, denn nur sie kann eine ganze Reihe von Stoffen produzieren, die bei den einzellebenden Teilpflanzen nicht auftreten. So kennen wir weit über hundert verschiedenartige spezielle Flechtenfarbstoffe, die Flechtensäuren.

Nur der Pilz bildet in der Flechte Fortpflanzungskörper, die Sporen. Diese keimen an günstigen Stellen aus. Die Pilzfäden „fangen" sich dann die spezifischen Algen ein und umspinnen sie. Daneben erzeugen viele Flechtenarten in großen Mengen noch eine Art ungeschlechtlicher Ableger, Flechtenstaub. Jedes Stäubchen besteht aus einer Algenzelle, der Pilzfäden anhaften.

Warzenflechte

« Flechtenfels » (oben links). - Runzlige Ziegelflechte (oben rechts). - Landkartenflechte (unten links). - Schöne Düngerflechte (unten rechts).

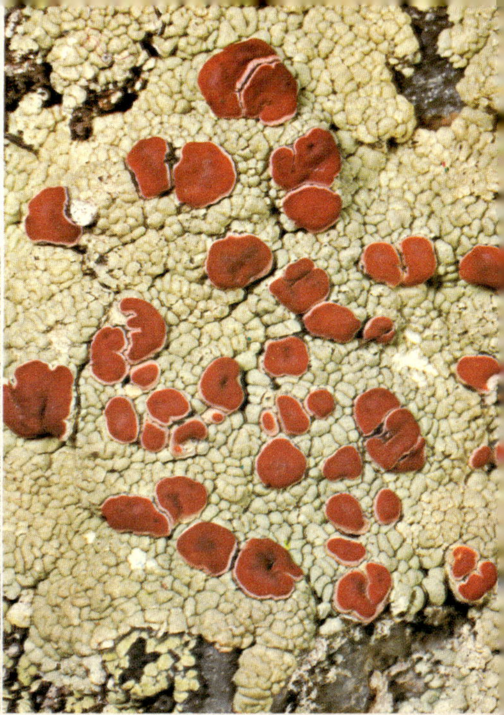

Vikariierende Arten

Schwarze Schafgarbe

Der Artbegriff ist einer der am schwersten festzulegenden Begriffe in der Biologie. Allgemeingültige Bezugspunkte für ihn gibt es nämlich nicht. Was immer man aber unter „Art" auch versteht: Gegen die nächstverwandte sollte man sie durch erkennbare Merkmale abgrenzen können. Das setzt in der Regel voraus, daß zwischen Angehörigen verschiedener Arten ein Austausch von Erbanlagen nicht erfolgen darf. Erbänderungen entstehen zufällig. Die Rate, nicht jedoch die Richtung solcher Erbänderungen, vermag durch die Umwelt beeinflußt zu werden. Hingegen liest die Umwelt aus, was unter dem „Angebot" an Individuen in ihr die besseren Überlebenschancen hat. Ändert sich in der Umwelt eine wesentliche Bedingung, vermag nur zu überleben, wer ihr genügt. Stoßen zwei Gebiete aneinander, die sich in einer solchen Bedingung voneinander unterscheiden, dann können von einem ins andere Gebiet nur Pflanzen vordringen, die die neuen Gegebenheiten meistern. Äußerlich oder in anderen Merkmalen braucht sich dieser wesentliche Unterschied nicht auszudrücken. Bastardbildung an den Verbreitungsgrenzen ist weiterhin möglich. Doch sinkt die Wahrscheinlichkeit, daß, treten in einem Verbreitungsgebiet weitere Erbänderungen auf, diese allen Angehörigen der „Art" im anderen Verbreitungsgebiet durch aufeinanderfolgenden Austausch von Erbgut durch Fremdbestäubung vermittelt wird. Sind die Änderungen im Erbgut von auffälligen Änderungen im Aussehen begleitet, hat man „Sippen", die in ihrem Erscheinungsbild an beschreibbare Bedingungen gebunden sind. Man erkennt ihre nahe Verwandtschaft, sieht, daß sie im andersartigen Gebiet gleichartige Lebensräume besiedeln, vermag sie aber voneinander zu unterscheiden. Beide „Arten", beide „Sippen", vertreten sich. Nichts anderes meint „vikariieren".

Um vom Abstrakten zum Konkreten zu kommen: Welche „Bedingungen" in den Alpen führen zu einem Vikariieren? Die Unterschiede in der Gesteins- und damit in der Bodenbeschaffenheit. Die nördlichen und südlichen Ketten im westöstlichen Alpenzug bestehen vorwiegend aus Kalken und Dolomit, sind also reich an Kalziumkarbonat. Die Zentralketten hingegen führen kristalline Gesteine. Sie alle enthalten reichlich Quarz, der für die allermeisten Pflanzenarten unverwertbar oder doch nicht lebensnotwendig ist.

Allein schon durch Auswaschung und Verarmung an bestimmten Ionen reagieren diese Böden schwach sauer. Wurzelzellen sind gegen den Säuregrad des sie umgebenden Bodens erblich unterschiedlich empfindlich. Aus Kalkgestein entstehen hingegen Böden, die dank der Kalziumionen meist neutral oder schwach basisch bleiben. Die auslesende Bedingung für das Entstehen vikariierender Sippen in den Alpen ist also zunächst die Verträglichkeit des Wurzelsystems mit einem bestimmten Säurebereich. So kommen auf neutralem bis basischem Untergrund, also über Kalkgestein, vor: Alpenküchenschelle (weißblühend), Behaarter Almrausch, Clusius' Enzian, Schwarze Schafgarbe, Alpenaurikel, Bäumchenweide, Filziges Felsenblümchen, Langgriffliges Felsenblümchen und Host's Simse. Ihre vikariierenden „Arten" über kristallinem Gestein sind: Schwefelgelbe Küchenschelle, Rostroter Almrausch, Koch's Enzian, Moschusschafgarbe, Behaarte Aurikel, Stinkende Weide, Eisfelsenblümchen, Graues Felsenblümchen und Dreispaltige Simse.

Rostroter Almrausch

Die Alpenküchenschelle im engeren Sinn wächst fast ausschließlich auf Kalk (oben links). - Die Schwefelgelbe Küchenschelle vertritt sie auf saurem Untergrund (oben rechts). - Alpenaurikel (unten links). - Behaarte Aurikel (unten rechts).

Endemiten

Endemiten nennt man Lebewesen, die nur einen abgegrenzten, einheitlichen Lebensraum bewohnen, in benachbarten, wiewohl vergleichbaren indessen fehlen. Die Erscheinung des Endemismus ist also ein Problem der Isolation. Zweierlei ist nicht nur denkbar, sondern erwiesen erfolgt: Entweder bleiben von einem ehemals weiten Verbreitungsgebiet nur wenige und besonders günstige Stellen erhalten. Dann vermögen sich kleine Gruppen des betreffenden Lebewesens hier zu behaupten. Oder aber die endemischen Sippen entstehen neu durch zufällige Erbänderungen, die sich aber nicht über alle Individuen der Art mehr oder minder ausbreiten können, weil Kreuzungsbarrieren dies wirksam verhindern. Im ersten Fall könnte man von „konservativen Endemiten", im zweiten von „progressiven Endemiten" sprechen. Konservativ in diesem Sinne ist sicherlich der Endemismus des „Kärntner Kuhtritts", der unter seinem wissenschaftlichen Namen Wulfenia carinthiaca sicherlich ebenso, wenn nicht eher bekannt ist. Die Art kommt ausschließlich in den Gailtaler Alpen vor.
Progressive Endemiten sind in den Alpen indessen häufiger. Warum? Hier muß man sich vorstellen, welch ungeheurer Wandel in den Standortsfaktoren sich in der vergangenen Jahrmillion in diesem Gebirge abgespielt hat. In den Vereisungsperioden wurden viele, wenn nicht alle Pflanzen von ihren Standorten vertrieben. Sie wichen in klimagünstiges Vorland aus. Da und dort mag sich unter extremen Bedingungen ein Grüppchen von Pflanzen gehalten haben, wie sie heute in Schneetälchen oder lückigen Magerrasen leben, sofern ihr Wuchsort vom Eis umflossen und von Schnee nicht ganzjährig bedeckt wurde. Den Vereisungsperioden folgten Warmzeiten, in denen die Gletscher etwa auf ihren heutigen Stand zurückwichen. Gerade die Schwankung hat das Wandern von Pflanzen begünstigt. In Warmzeiten konnten Hochgebirgsarten Kämme, in Kaltzeiten Täler überwinden. Wer den Höhepunkt der Kältewellen eng zusammengedrängt überstand, hatte Konkurrenzvorteil vor Neuankömmlingen, und zwar nicht nur, weil die Überlebenden die ersten am potentiellen Standort waren. Extrembedingungen fast aller Art: Kälte, Hitze, starke Strahlung vermögen die Rate zu steigern, mit der Erbänderungen auftreten. Wird ein Individuum durch sie schlechter gestellt als seine Konkurrenten, geht es zugrunde. Am Rande der Existenzbedingungen geschieht dies rascher als unter bestmöglichen Lebensumständen. Verbessert sich jedoch die Konkurrenzfähigkeit, dann hat die betreffende Erbanlage bei einer verhältnismäßig kleinen Individuengruppe eine hohe Chance, rasch allen Gruppenmitgliedern durch Fremdbestäubung eigen zu werden. Dreierlei wirkt also zusammen: Es kommt zu einem höheren Prozentsatz, in dem Erbänderungen auftreten. Die Auslese greift rasch und eindeutig. Alle Gruppenmitglieder gelangen schnell in den gemeinsamen Besitz der Erbanlagen, die das Überleben sichern.
Diesen Druck gab es im Vorland der Alpen nicht. Die Rückwanderer gleicher Art stießen infolgedessen auf besser angepaßte Sippen. Doch nach einigen Generationen war die Durchmischung von beider Erbgut weitgehend vollzogen. Das dürfte jedenfalls die Regel gewesen sein.
Selten mag jedoch zufällig eine Erbänderung ein Befruchtungshemmnis bewirkt oder mögen die Rückwanderer die Übersteher nicht mehr erreicht haben. Dann war der Schritt zum Endemiten getan.

Der Kärntner Kuhtritt ist ein konservativer Endemit (oben links). - Zu den weniger bekannten progressiven Endemiten zählt die Innsbrucker Primel (oben rechts). - Die Pechprimel ist auch unter dem Namen Klebrige Primel bekannt (unten links). - Alpenschotenkresse (unten rechts).

Schutz den Alpenpflanzen!

Gelbe Hauswurz

Wer über den gesetzlich vorgeschriebenen Schutz von Pflanzen hinaus ihre Schonung will, muß sagen, warum. Gerade in einer Zeit, in der jedermann von Natur- und Umweltschutz spricht.
Sind Alpenpflanzen schöner als Pflanzen des Flachlandes oder kostbarer? Darüber ließe sich streiten. Zweifellos fallen sie mehr auf. Doch werden viele der schönsten auf Matten von Kühen gefressen, und das ist gut so. Warum also kein Pflücken?
Der Almbetrieb hat in den Alpen zumindest eine hervorstechende Pflanzengesellschaft geschaffen, die zur Hochstaudenflur gehörende Lägerflur. Da und dort hat er den Krummholzgürtel tiefer gelegt. Ein vernünftiger Landwirtschaftsbetrieb paßt sich also in die natürliche Landschaft ein. Er bewahrt sie eher, als daß er sie zu ihren Ungunsten verändert. Woher droht dann Gefahr?
Zunächst durch Zersiedlung der Täler, eintöniges Aufforsten mit Nadelholz, auch wo Laubholz wüchse, und den Massentourismus. Skilifte und Abfahrtsschneisen sind selbst für Wintersportler im Sommer keine Freude, wenn sie harmonische Natur überhaupt noch wahrnehmen können. Zumindest örtlich stören sie das ökologische Gleichgewicht, das Ausgewogensein des natürlichen Haushalts. Sie schaffen Kaltluftabflüsse, wo zuvor keine waren. Beobachten, was sich unter natürlich gegebenen Bedingungen in der Pflanzenwelt ändert, ist indessen gerade in den Alpen wichtig und sinnvoll.
Nirgends sonst in Mitteleuropa schreitet nämlich die Artbildung so rasch voran. Erbanlagen werden in höheren Raten verändert, als dies im Flachland der Fall ist. Innerhalb verhältnismäßig kleiner Individuengruppen vereinigen sie sich in neuer Zusammenstellung, eröffnen ihren Besitzern geringfügig andere Möglichkeiten, die auf engem Raum ausgenutzt werden können; denn in den Alpen wandeln sich, wie in allen Hochgebirgen, die auslesenden Umweltbedingungen schon auf kürzesten Wegstrecken. Man denke nur an die Temperaturabnahme beim Höhengewinn, daran, wie nah oft Trockenstellen neben Sickerrinnen liegen, Schneelöcher neben Sonnenseiten, Schatten neben vollem Licht. Hier kann sich ein Vorrat verschieden wirkender Erbanlagen nicht nur bilden, sondern auch erhalten. Wie wenig wissen wir darüber, ob es Verschiedenheiten gibt bei Arten, die sowohl in den Zentralalpen vorkommen als auch in den Kalkalpen? Wo wir einen äußeren Unterschied nicht sehen, braucht ein innerer nicht zu fehlen. Nur: Die Gelegenheit muß großräumig erhalten bleiben, dies herauszufinden.
Was wird aus den Endemiten? Haben sie eine Chance? Unterscheidet sich das Schicksal der Konservativen von dem der Progressiven? Dies eFragen lassen sich nur unter natürlichen Gegebenheiten beurteilen. Schließlich: Ist nicht allein Formenreichtum im Wortsinne Reichtum? Muß es mit anderen Alpenpflanzen gehen wie mit dem Edelweiß, dem Idolisierung viele seiner Standorte gekostet hat, oder mit dem Speik, dem — sicher wohlmeinende, wenn für die Art auch verhängnisvolle — „Volksweisheit" in ganzen Gebirgsstöcken den Garaus gemacht hat? Wir meinen nein! Der Drang nach Statussymbolen ist gerade, weil er ein mächtiger Antrieb menschlichen Verhaltens ist, schlicht moralisch nicht berechtigt, eine Landschaft samt ihrer vielerorts noch ausgewogenen Lebewelt zum Opfer zu fordern.

Alpenrittersporn

Das Edelweiß wird - wie wenige Alpenpflanzen sonst - aus falschem Prestigedenken in seiner Existenz bedroht (oben links). - Gelber Enzian (oben rechts). - Schwarze Akelei (unten links). - Der Gestreifte Seidelbast führt auch den Namen Steinröschen (unten rechts).

Pflanzengestalt und Standort

Zwergmiere

Der Extremcharakter vieler Standorte in den Alpen verlangt Pflanzen, die schon vom Bau her den Anforderungen bestmöglich entsprechen. Die Fichten, die in der Nadelwaldstufe besonders schlankwüchsig sind, gehören ebenso hierher wie die zähen und biegsamen niederen Mitglieder in der Gesellschaft des Krummholzes. Überforderungen an den Bau hingegen sind es, die die bizarren Gestalten der Wetterformen von Fichte, Lärche und Arve hervorbringen.
In besonderem Maße jedoch prägen sich dem Alpenwanderer die Polsterpflanzen ein. Er findet sie in Felsspalten und in steinigen oder lückigen Magerrasen. Die Silberwurz gehört zu ihnen, ebenso Alpenmannsschild, Stengelloses Leimkraut und die Zwergmiere, die unter dem Namen Polstermiere gleich gut bekannt ist. Wo liegt der Vorteil dieser dichtwachsenden Pflanzen? Besehen wir uns den Standort. Nährstoffe sind sowohl in Magerrasen wie in Felsspalten Mangelware. Im geschlossenen Magerrasen fehlt es meist nicht an Feuchtigkeit, wohl aber, wo er nicht übermäßig steil ansteigend in Gesteinsschutt übergeht und lückig wird. Da kann örtlich zumindest zeitweilig Wasser nicht üppig sein. Da in der Höhenlage, in der sich diese Gesellschaften ausbilden, Wind fast stets weht und Sturm häufig pfeift, ist das Dampfdruckgefälle zwischen Pflanzenorganen und Lufthülle genügend groß, um Wasserverlust zu erzeugen. Gegen ihn schützen Wachsüberzüge, Speichern von Wasser in dicklichen Blättern. Aber auch „Dichtstehen" der Pflanzenorgane beugt zumindest bei den inneren recht wirksam gegen übermäßige Verdunstung vor. Innerhalb des Polsters nimmt nämlich die Windgeschwindigkeit außerordentlich rasch und stark ab, und mit ihr der Wasserverlust. Andererseits bietet das Polster viele Blätter einigermaßen günstig dem Licht dar. Seine Photosyntheseleistung wird nicht geschmälert.
Für die Deutung des Polsterwuchses als Windschutz spricht das Vorkommen von Polsterpflanzen auf windumfegten Graten. Die Zwergmiere diene als Beleg hierfür.
Standortbedingt sind auch die wasserspeichernden, dickblättrigen Rosettenpflanzen. Neben Steinbrecharten sind es nicht zuletzt Arten aus der Gattung Hauswurz. Die Wechselwirkung zwischen Standort und Gestalt läßt sich bis in Feinheiten bei der Spinnwebhauswurz zeigen. Sie besiedelt gruppenweise oft sehr kleine Gesteinsspalten oder Schutthalden über kalkfreiem Gestein. Wo sie noch häufig ist, kann man beim Höhersteigen verfolgen, wie die Stärke der Behaarung mit der Höhe zunimmt. Nehmen wir in dieser Richtung die Verschlechterung des Wasserhaushalts an den Standorten dieser Art, dann erkennt man, wie zwei verdunstungsmindernde Baueigentümlichkeiten zusammenwirken: Die Wasserspeicherung in den Blättern und die durch die weiße Behaarung erzielte Verringerung der Windgeschwindigkeit über der Blattoberfläche und zugleich die Erhöhung der Reflexion wärmeerzeugender Strahlung. Die „Spinnhaare" entstehen übrigens aus Drüsenhaaren, die miteinander verkleben und unter Windeinwirkung ein dichtes Gespinst bilden.

Spinnwebhauswurz

Die Zwergmiere ist eine typische Polsterpflanze (oben links). - Die Spinnwebhauswurz entzückt auch blütenlos durch ihre Rosetten (oben rechts). - Polster des Stengellosen Leimkrauts (unten links). - Silberwurz (unten rechts).

Pflanzenwanderungen zwischen Alpen und Vorland

Alpenhelm

Drei Vorgänge haben das Wandern von Pflanzen zwischen Alpen und Vorland ermöglicht: die Vereisungen, die heute herrschende Warmperiode und zufällige Abschwemmungen. Voraussetzung für den Erfolg war, daß die Wanderer am Ziel geeignete Standorte vorfanden. Alpenhelm, Augenwurz, Immergrünes Felsenblümchen, Traubensteinbrech, Milchweißer Mannsschild und Brillenschötchen gehören zur Gruppe der „Eiszeitwanderer". Während der Alpenhelm, dem es in erster Linie auf stete Bodenfeuchte und in der Regel hohe Luftfeuchtigkeit ankommt, weniger dagegen auf den Säuregrad im Boden, sich nur in hohen Lagen des Südschwarzwaldes, so z. B. auf dem Feldberg, bis heute behaupten konnte, besiedeln alle anderen Arten einzelne Stellen der Schwäbischen Alb. Dort fanden sie — wie in ihrem Ursprungsgebiet — neutralen oder basisch reagierenden Boden.
Wichtig für ihr Überleben bis auf den heutigen Tag waren indessen auch die Felspartien und Schuttflächen, die dort anzutreffen sind. Schließlich sind alle genannten Arten in den Alpen Bewohner der Magerrasen und Felsspalten. Man geht wohl nicht fehl in der Annahme, daß es offene Felsspalten, die vollen Lichtgenuß boten, auf der Schwäbischen Alb auch in den Zeiten gegeben hat, in denen der Wald Mitteleuropa eroberte und größtenteils überzog.
Zufällige Abschwemmungen verschleppen vielerlei Alpenpflanzen ins Vorland. Es sind nicht die hohen Niederschläge im Jahresmittel, die zu Abschwemmungen führen, sondern heftige Regengüsse, ja Wolkenbrüche. Sie können örtlich vor allem Schutthalden in Bewegung setzen. Urplötzlich entstehen in ihnen Rinnen, durch die Wasser zu Tal strömt. Mit Gewalt werden Steine und was auf und zwischen ihnen haftet mitgerissen. Gerade die Pflanzen der Schutthalden, ohnehin an das gelegentliche Überdecktwerden durch Schutt angepaßt, überstehen den mörderischen Transport noch am ehesten. So kommt das Kugelschötchen nicht selten auf hohen Kiesbänken im Geröll der Voralpenflüsse vor. Dort findet es die Bedingungen des Felsschutts: Offenes Licht, wenig Feinerde, neutralen oder schwach basischen Untergrund. Die gute Luftführung ist zwischen Geröll und Schutt gleich. Seltener wird die Alpenwachsblume abgeschwemmt. Alpin gehört sie in die Hochstaudenflur, und zwar sowohl in die Nähe von Viehlägern als auch ins bachbegleitende Grünerlengebüsch. Doch ist sie auch auf steinigen Magerrasen noch konkurrenzfähig. Im Gegensatz zu anderen Angehörigen der Hochstaudenflur hat sie deshalb auf Geröll eine Überlebenschance.
Täler, wie das der Rhone, die sich nach Süden öffnen und durch ihr Kleinklima Wandermöglichkeiten für Mittelmeerpflanzen darstellen, öffneten einigen von ihnen den Weg bis in die Alpen. So gedeihen Asphodel, Rosmarin und Lavendel noch in der Gegend von Sitten.
Einwanderer aus der Mittelmeerflora erreichten auch das Tessin und Südtirol. Aus östlichen Gebieten sind in die Alpen u. a. der Meerbeifuß und der Pontische Beifuß vorgedrungen.

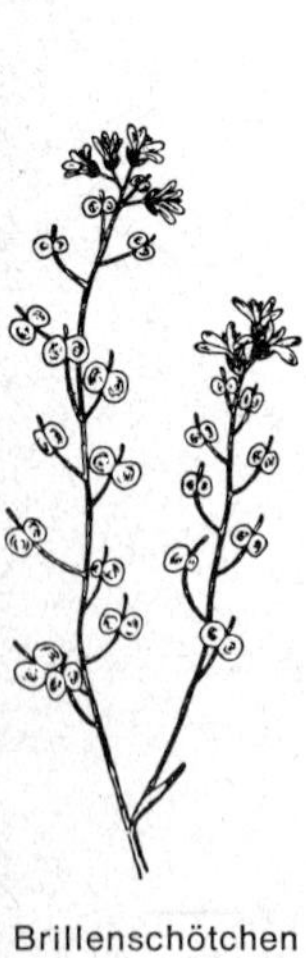

Brillenschötchen

Die Trollblume besiedelt auch kühle Wiesenböden außerhalb der Alpen (oben links). - Der Verbreitungsschwerpunkt der Silberdistel liegt in Halbtrockenrasen (oben rechts). - Paradieslilie (unten links). - Der Lavendel dringt aus dem Mittelmeergebiet vor (unten rechts).

Geweihträger

Rothirsch

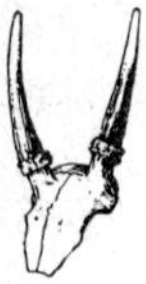

Spießer

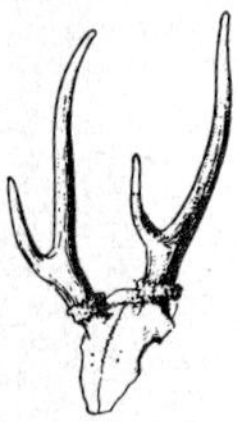

Gabler

Achtender

Rehe und Hirsche bevölkern die Bergwälder bis zu einer Höhe von 2000 m vor allem im nördlichen und mittleren Alpengebiet. Gerade der Edelhirsch ist hier noch häufig. Er braucht weite, ruhige Waldungen, die nicht einer intensiven Forstmonokultur unterworfen sind. Solche Wälder leiden auch nicht so stark unter der Rotwildhaltung. Wo „Stangenäcker" fast ohne jeden Unterwuchs weite Strecken überziehen, ist der Schaden durch Verbiß und Schälen so groß, daß selbst jagdbegeisterte Forstleute für die Verbannung der Tiere plädieren. Wenn nur wenige Quadratkilometer große Wäldchen von Feldmark begrenzt werden, verwüsten die Hirsche die Ackerflur, so daß eine geregelte Bewirtschaftung nicht mehr möglich ist.
Da bleiben fast nur noch die Mittelgebirge und die Alpen als Rothirschreservate übrig. Doch auch hier sind mancherorts die Tiere als Waldverderber verschrien, einfach deshalb, weil ein Teil der wenigen Reviere überbesetzt ist. In höheren Lagen macht den Rudeln der tiefe Winterschnee zu schaffen. Sie sammeln sich dann in den Tälern und müssen mit Heu und Baumfrüchten gefüttert werden, wenn der Schaden in Grenzen gehalten werden soll. Ihre natürliche Nahrung sind Gräser und Kräuter, aber auch Blätter, Nadeln sowie Rinde und Jungtriebe von Waldbäumen. Daneben verzehren sie je nach jahreszeitlichem Angebot auch Pilze, Kastanien, Eicheln und Bucheckern; winters gehen sie gerne an Ginster und Brombeeren, auf Feldern nehmen sie Getreide, Kartoffeln und Obst an. Trotz des reichhaltigen Speisezettels leiden diese Wiederkäuer wie alle Pflanzenfresser unter Natriummangel, denn im Gegensatz zum Tierkörper benötigt die Pflanze zum Leben kaum Natrium. Es wird zwar in geringem Maße als Abfallstoff gespeichert, doch ist das Verhältnis Natrium/Kalium in (für Tiere) gefährlicher Weise zugunsten des letzteren verschoben. Pflanzenfresser decken ihren Bedarf mit Kochsalz (Natriumchlorid), das mit salzhaltigem Boden aufgeleckt oder vom Heger in Salzsteinen angeboten wird.
Gute Ernährung ist eine Voraussetzung für starke Geweihe. Daneben spielt auch die Vererbung eine Rolle .Außerdem „setzt" ein alter Hirsch (ab etwa 13 Jahren) wieder „zurück". Nur die männlichen Hirsche tragen diese Waffen für das unblutige Kräftemessen zur Brunstzeit. Im Frühjahr werden sie abgeworfen und wachsen dann neu unter dem Stirnfell nach. Im Sommer sind die Knochen ausgebildet und sterben ab. Das Fell, das mit seinen Blutgefäßen die Versorgung gewährleistete, trocknet ein und wird an Bäumen abgefegt. Der Saft der Bäume gibt den blanken Stangen ihre Farbe. Normalerweise entsteht im zweiten Jahr das erste Geweih aus einfachen Spießen. Dann folgt eine Gabel aus Haupt- und Augensproß. Im vierten Jahr wird zusätzlich ein Mittelsproß gesetzt. In der darauffolgenden Saison entsteht ein Achtergeweih: Das Ende des Hauptsprosses gabelt sich. Die weitere Ausbildung von Endsprossen an der Hauptstange führt zu der für den europäischen Hirsch charakteristischen Kronenbildung. Doch kann zunächst einmal über dem Augensproß auch noch ein Eissproß angelegt werden. Der Eissproßzehner hat Augen-, Eis-, Mittelsproß und zwei Hauptsproßenden, der begehrtere Kronzehner neben Augen- und Mittelsproß eine dreiteilige Krone. Zwölfender und Vierzehner sind bei uns schon Seltenheiten.

Rehbock, schwacher Gabler (oben links). - Röhrender Hirsch im Herbstgras (oben rechts). - Schälstelle (unten links). - Hirschfamilie. Der Zehnender im Bast trägt links eine Eissprossen-, rechts eine Kronenstange (unten rechts).

Hornwild

Gemsen kann man im Hochgebirge noch recht häufig beobachten, wenn auch meist nur aus weiter Ferne. Die tagaktiven Tiere halten sich in größeren Rudeln im unwegsamen Felsgebiet oberhalb der Baumgrenze auf. Bejagung, aber auch die Beunruhigung durch die Bergwanderer, die in steigenden Zahlen ihr Revier durchstreifen, haben die ungemein scheuen Tiere veranlaßt, sich aus ihrer ursprünglichen Heimat, der oberen Bergwaldzone, zurückzuziehen. Die Waldgams wurde zur Gratgams, die sich nur bei schweren Unwettern vorübergehend in den Schutz des Waldes begibt. Beide Geschlechter tragen die charakteristischen Hörner, Krucken oder Krickel genannt: steil nach oben stehend und an der Spitze hakig zurückgebogen. Das Sommerfell ist rötlichbraun, der dichte, lange Winterpelz schwärzlich. Kopf und Kehle sind weißlich, ein breites dunkelbraunes Augenband zieht bis zur Schnauze. Gemsen sind im Gegensatz zu den Ziegen bartlos. Der berühmte Gams„bart" wird aus den im Winter besonders langen Grannenhaaren der Rücken„borte" älterer Böcke gewonnen.
Bei gemächlichem Dahinziehen auf dem Plateau wirkt der Gang der Tiere schwerfällig. Im Gewänd dagegen zeigen sie sich als elegante Kletterer und anmutige Springer. Mit Leichtigkeit setzen sie über mehr als fünf Meter breite Klüfte, springen flüchtend weit über zehn Meter in die Tiefe und gewinnen mit einem Satz drei Meter senkrechte Höhe. Die zwei Trittzehen eines jeden Fußes tragen scharfkantige, unterseits saugnapfartig hochgewölbte Hufe. Sie sichern den festen Halt auf glattem Fels und dem sehr rutschigen Teppich feuchter alpiner Grasrasen. Die harten Afterklauen können wie Steigeisen eingesetzt werden. Durch Spreizen der Trittzehen wird ein Abgleiten nach vorne gebremst.
Nur der Steinbock klettert noch besser. Die mächtigen, säbelartig geschwungenen Hörner des männlichen Tieres waren leider so begehrte Jagdtrophäen, daß die Tiere bis zum letzten Jahrhundert auf etwa 50 Überlebende ausgerottet wurden. Ihr Weiterbestehen verdanken sie dem Jägerstolz des italienischen Königs, der die piemontesischen Populationen durch streng gehandhabte Verordnungen für sich reservierte.
Von diesen letzten Rudeln zwischen Monte Rosa und Mont Blanc wurden dann später kleinere Herden in besonderen Schutzgebieten ausgesetzt. Sie haben sich zum Teil gut eingebürgert und vermehrt. Trotz stattlicher Herden im Gran Paradiso, im Nationalpark Graubünden und in den Salzburger und Berchtesgadener Alpen liegt der Bestand dieser wilden Ziegen auch heute noch unter 5000 Stück.
Die Heimat des Muffelwildes, der Stammform unseres Hausschafes, sind die Gebirge des Mittelmeerraumes. Auf Korsika und Sardinien lebt es heute noch wild. Im Alpenraum wurde es ausgesetzt. Der etwas wärmeliebende Südländer bewohnt dort den Wald bis in Höhen von 2000 m. Winters zieht er in die Tallagen, wo die Schneedecke über Laub und Gras nicht so hoch liegt. Der Steinbock findet, wie die Gemse, als Kletterer an steilen Felsen und windverblasenen Graten schneefreie Flecken mit Moos und Flechten. Rinde, Zweige und Nadeln der über den Schnee ragenden Hölzer ergänzen die dürftige Äsung.

Gemse

Gamsbockkrickel

Geißkrickel

Gran Paradiso, Heimat des Steinwildes (oben links). - Junger Steinbock (oben rechts). - Gemse (unten links). - Muffelwild. Das schneckenförmig gebogene Gehörn ist ein Zeichen des Männchens (unten rechts).

Rabenvögel

Dohle

Wenn wir die Matten schon weit hinter uns gelassen haben und uns im Fels zu einer Rast niedertun, dann tummeln sich immer noch höher über uns in den Lüften die Alpendohlen. Ob der Gipfel hinter uns 3000 oder 4000 m emporragt, ein Schwarm dieser „rabenschwarzen" Vögel mit dem gelben Schnabel wird ihn umkreisen. Mit hellen, durchdringenden Pfiffen wirbeln sie durcheinander, stürzen sich über Zinnen und Grate in die Tiefe, überschlagen sich, schrauben wieder hoch und zeigen uns ein ganzes Repertoire meisterhafter Kunstflugfiguren. Geschickt nutzen sie Auf- und Fallwinde an den verschiedenen Bergflanken: Mit wenigen Flügelschlägen steigen sie hoch und segeln dann mit breitgefächertem Schwanz und weitausgebreiteten Flügeln. Meist treibt so ein ganzer Schwarm der gesellig lebenden Vögel seine Flugspiele. Im allgemeinen sind die Alpendohlen scheu und zurückhaltend; wo sie sich aber bei den Hütten von der Harmlosigkeit der Bergwanderer überzeugt haben, können sie sehr zutraulich werden, ja sogar „rabenfrech".

Als Allesfresser wie alle Rabenvögel leben sie vorzugsweise von tierischer Kost, Insekten, Würmern und Schnecken, doch sagt ihnen auch pflanzliche Nahrung, Sämereien, Knospen und Beeren zu. Im harten Winter gehen sie auch an Aas oder jagen im Schwarm kränkelnde Kleinsäuger bis etwa Hasengröße vollends zu Tode. Höchstens zur Beerennachlese kommen sie in der kalten Jahreszeit zu Tale, sonst trifft man die standhaften Hochgebirgler selten unter 2000 m an. Ihre Brutplätze sind Spalten und Höhlen der unzugänglichen Steilfelsen. Dort brüten sie in ganzen Kolonien mit streng geordnetem Sozial- und Familienleben. Sie warnen sich gegenseitig vor Gefahren, fliegen an gemeinsame Futterplätze und vertreiben im Schwarm auch größere Raubvögel. Obwohl ein Paar pro Jahr im Durchschnitt nur 2 Junge großzieht, haben sich diese Kleinraben ihren Bestand erhalten. Ganz ähnlich lebt die engverwandte, mit 40 cm Körperlänge etwas größere Alpenkrähe. Sie ist im Alpengebiet nur stellenweise häufig. Der gebogene rote Schnabel ist ein sicheres Unterscheidungsmerkmal zur Alpendohle.

Fast so hoch wie diese beiden Felsenraben steigt der Kolkrabe zum Nisten. Früher über ganz Mitteleuropa verbreitet, hat der bussardgroße Wotansvogel derzeit nur noch in Schleswig-Holstein und im weiteren Alpenraum seine Brutreviere. Der scheue Vogel mit schwarzem Gefieder, schwarzem Keilschnabel und schwarzen Beinen teilt das Schicksal der Raubvögel. Neben Wildfrüchten, Samen, Schnecken, Würmern u. ä. stehen auf seinem reichhaltigen Speisezettel Rebhühner, Fasanen, Enten, Gänse und Hasen sowie Lämmer, und wenn er auch nur ausnahmsweise an solche Beute geht, sein Ruf ist auf Generationen dahin. Da ist der Tannenhäher besser dran. Er vertilgt an Tieren nur Insekten und allerhöchstens Mäuse und findet damit das Wohlgefallen des Menschen. Sein Lebensraum sind die geschlossenen Nadelwälder, und deshalb ist er im Gebirge besonders häufig. Wenn die Samen reif sind, lebt er wochenlang fast ausschließlich von diesen. Vor allem geht er an Zirbelnüsse und Fichtensamen. Zur Haselnußzeit zieht er auch tiefer. Er zigeunert also ziemlich viel herum. Obwohl er recht tolpatschig aussieht, bewegt er sich sehr gewandt auf dem Boden und klettert und hüpft auch elegant im Gezweig herum.

Tannenhäher

Kolkrabe (oben links). - Tannenhäher (oben rechts). - Alpenkrähe, Kennzeichen: roter Schnabel (unten links). - Alpendohle, Kennzeichen: gelber Schnabel (unten rechts).

Schneefink

Singvögel der Alpen

Auf den Bergen klingt das Vogelkonzert an einem sonnigen Maimorgen anders als im Tale. Gewohnte Stimmen fehlen, andere treten verstärkt hervor, und dann mischen sich auch noch ganz neue Strophen in den Chor.

Es gibt Arten, vor allem unter den Sängern und Ammern, die meiden auffällig alle Lagen über 1000 m Meereshöhe. Das kann zunächst an den dort vorherrschenden dunklen und geschlossenen Waldungen liegen und erst danach am rauhen Klima. Andererseits gibt es Vögel, die höchst selten (z. B. in harten Wintern) unter 1500 m herabkommen. Zu diesen ausgesprochenen Gebirgsvögeln zählen wir Schneefink, Zitronengirlitz, Alpenbraunelle und Mauerläufer. Die letzteren vermitteln zu einer zweiten Gruppe von Alpenvögeln: Für Steinrötel, Blaumerle, Felsenschwalbe und Zippammer gehört der Gebirgszug einfach zur Nordgrenze ihres (mediterranen) Verbreitungsareals. Von den im Tiefland rings um die Alpen verbreiteten Singvögeln endlich ziehen die zu Berg, denen dort zusagende Lebensbedingungen geboten werden. Das sind einmal solche Tiere, die an Felsen oder in Felsspalten nisten. Die Steilheit der Felsen und ihre Unzugänglichkeit für vierbeinige Räuber erhöht die Überlebenschance der Brut beträchtlich. So steigt unsere Mehlschwalbe beinahe 2000 m, der Steinschmätzer noch höher und der Hausrotschwanz fast 3000 m hinauf. Selbstverständlich sind auch ein Teil der Alpenvögel Felsbrüter. Für Schneefink, Mauerläufer, Steinrötel und Blaumerle ist dies eine Anpassung an ihr steiniges Biotop.

Andere Tieflandvögel sind der Wälder wegen ins Gebirge gestiegen. Weidenmeise und Tannenmeise, Zeisige und Drosseln, sowie Waldbaumläufer und Goldhähnchen finden hier Unterschlupf und Nahrung in reichhaltigem Angebot. Bei der Weidenmeise läßt sich deutlich eine teilweise Bevorzugung der alpinen Region erkennen: der erste Schritt einer Aufspaltung in zwei Arten, die natürlich erst in Jahrhunderten ganz vollzogen sein wird. Neben körperlichen Merkmalen unterscheidet sich die Alpenmeise (heute noch als Unterart der Weidenmeise geführt) durch ihren Gesang von der „normalen" Art. Andere Vögel mit weiter Verbreitung konzentrieren sich im Alpenbereich, weil sie dort an den zahlreichen Wildbächen mit ihren ungestörten Sumpfstellen und Naturufern noch ihr geeignetes Biotop vorfinden. Zu dieser Gruppe rechnen wir Gebirgsstelze, Wasseramsel, aber auch (mit einigem Vorbehalt, da auch andere Einordnung möglich) den Wasserpieper und den Berglaubsänger. Solche im Flachland recht seltenen Vögel sind im Gebirge stellenweise ungemein häufig.

Häufig und auffällig sind von den echten Alpenvögeln der gelblichgrüne Zitronengirlitz (Zitronenfink), der vor allem im oberen Nadelwaldbereich sein stieglitzähnliches Liedchen pfeift; dann die Alpenbraunelle (Flüelerche), graubraun mit rotbraunen Streifen, im Matten- und Krummholzgebiet, deren lerchenartiges, fortwährendes Gezwitscher ein Charakteristikum dieser Region ist. Der Schneefink, vorwiegend graubraun mit weißen Flügelbinden, ist meist in Scharen auf Geröllhalden bis 3000 m anzutreffen und hält sich besonders gerne in der Nähe von Hütten auf. Sein Gesang, oft im Flug vorgetragen, ist ein hartes Zwitschern.

Mauerläufer

Zitronengirlitz, ein Finkenvogel (oben links). - Wasserpieper (Bergpieper) im Sommerkleid (oben rechts). - Steinrötel, Hähnchen im Brutkleid (unten links). - Zippammer, Männchen (unten rechts).

Fichten-
kreuzschnabel

Vögel der Alpen — Vögel der Tundren

Eine tiergeographische Besonderheit weist die Vogelwelt der Alpen auf. Arten nordischer Länder, die erst wieder mehr als 1000 Kilometer polwärts auftreten, haben hier eine Heimat gefunden, die ähnliche Bedingungen bietet wie die Tundren, Birken- und Fichtenwälder in Skandinavien und Sibirien. Vögel der unterschiedlichsten systematischen Stellung und mit verschiedener Reviertreue besitzen ein derart gespaltenes Areal. Die einen sind Standvögel, die anderen Teilzieher oder echte Zugvögel. Taggreife und Eulen sind genauso vertreten wie Entenvögel (Säger), Hühner, Spechte und Singvögel. Sie alle bestätigen die geographische Regel, daß Klimazonen und Landschaftsgürtel sich in gleicher (oder zumindest ähnlicher) Weise verändern, ob man nun horizontal vom Äquator zum Pol oder vertikal fortschreitet. Wir haben also sozusagen in unseren mitteleuropäischen Alpen ein Stückchen Lappland vor der Haustür liegen.
Es kann hier nur durch wenige Beispiele angedeutet werden, wie solche disjunkten Areale entstanden sein mögen. Da ist einmal der Birkenzeisig. Der kleine, um 12 cm lange Fink mit braunem, dunkelstreifigem Gefieder, schwarzem Kinnfleck über rosafarbener Brust und roter Stirn, ernährt sich von Insekten, Samen und Knospen. Nach der Brut streicht er in größeren Scharen weit in Europa umher. Außer in England brütet er in den nordischen Birken-Erlen-Wäldern und in den lichteren Nadelwäldern und den Latschengebüschen der Alpen. In diesen drei getrennten Brutgebieten haben sich schon eigenständige Rassen herausgebildet. Von den Engländern und den Skandinaviern unterscheidet sich der kleinwüchsige alpine Stamm durch dunklere Gefiederfärbung.
Nahe verwandt den Schnepfen ist der Mornellregenpfeifer, ein Sommervogel, der im Vorderen Orient, in Nordafrika, Süditalien und auf dem Peloponnes überwintert. Das hochbeinige, um 22 cm lange Tier ist zur Brutzeit besonders kontrastreich gefärbt (Brutkleid). Die schwarze Kappe ist durch einen weißen Augenstrich abgesetzt, ein scharf begrenztes weißes Querband trennt den graubraunen Brustfleck von der roten Bauchseite. Größere Brutvorkommen finden sich im Schottischen Hochland, in Lappland und Skandinavien sowie im Ural.
Dann gibt es noch relativ begrenzte Vorkommen in Siebenbürgen, im Riesengebirge und in der ganzen Alpenkette einen kleinen Fleck im Gebiet von Steiermark/Kärnten. Hier liegt die Vermutung nahe, daß dort einst ein Schwarm auf dem Frühjahrszug gerastet und das Gebiet zum Bleiben geeignet gefunden hat.
Der Dreizehenspecht erinnert entfernt an den Mittleren Buntspecht, doch unterscheidet er sich sicher durch eine gelbe Scheitelkappe. Im Gegensatz zu den anderen Spechten ist seine vierte (Rück-)Zehe verkümmert. Er ist Standvogel und bewohnt Nadelwälder in Nordeuropa, im Alpen-Karpaten-Zug und im Dinarischen Gebirge. In diesem Fall könnte man an nacheiszeitliche Rückzugsgebiete denken. Beim Fichtenkreuzschnabel dagegen ist die Bindung an Fichtenwälder, sei es die Taiga oder der Bergfichtenwald, ausschlaggebend für die Verbreitung. Wie die natürlichen Fichtenvorkommen Mitteleuropa östlich umfassen, verläuft sein Standgebiet im Bogen von Nord- über Osteuropa zum Karpaten-Alpen-Mittelgebirgstrakt.

Dreizehenspecht

Dreizehenspecht, Kennzeichen: gelbe Stirnplatte (oben links). - Fichtenkreuzschnabel (oben rechts). - Alpen-Birkenzeisig (unten links). - Sperlingskauz, mit 18 cm unsere kleinste Eule (unten rechts).

Birkhahn

Letzte Zuflucht: die Alpen

Es ist noch kein ganzes Jahrhundert her, seit die zweite, vom Autor noch selbst überarbeitete Auflage von „Brehms Tierleben" erschienen ist. Der Verfasser war einer der besten Kenner der damaligen Wirbeltierfauna. So dürfen seine Angaben zur Verbreitung der einzelnen Arten als die eines verläßlichen Gewährsmanns gelten.

Wenn man sie nun mit dem derzeitigen Istbestand vergleicht, erkennt man einen jahrhundertealten, immer schneller abrollenden Mechanismus der Ausrottung von Großtieren unserer Heimat. Betroffen davon sind in erster Linie Fleischfresser, deren Beute über Maus- oder Sperlingsgröße liegt, „schädliche Raubsäuger und Raubvögel". Ursprünglich sind die Tiere in allen Teilen des waldreichen Europas beheimatet. Im ersten Ausrottungsstadium werden sie selten, kommen aber in den höheren (und damit einsamen) Gebirgsteilen noch häufiger vor. Im zweiten Stadium sind sie aus den Niederungen ganz verschwunden und im Gebirge sehr selten. Das dritte Stadium haben Luchs und Wolf erreicht: in Mitteleuropa ausgerottet. Selten werden Irrläufer gesichtet oder nur nach Spuren vermutet (Luchse in den Französischen Alpen, Wölfe in den Karawanken). Nach Brehm findet sich der Wolf „noch fast in ganz Europa, wenn auch in den bevölkertsten Ländern nur in den Hochgebirgen" (Stadium 1, 1880). Vom Luchs berichtet er, dieser habe früher alle größeren Waldungen Deutschlands bewohnt, zuletzt aber nur die Gebirgswälder. Im Forstamt Garmisch-Partenkirchen seien in den Jahren 1829/30 noch 13 Tiere erlegt worden. Der letzte Abschuß eines Luchses in Deutschland sei 1838 im Rottenschwanger Revier erfolgt; Tiroler und Schweizer Alpen beherbergten aber noch dieses seltener werdende Tier. Hier war zu Brehms Zeiten Stadium 2 erreicht.

Der Bär, häufigstes Waldtier unserer Märchen, ist bis auf einen winzigen Restbestand (in den Südalpen) ausgerottet. Auch die Geier gibt es in den Alpen nicht — oder kaum — mehr. Der Bartgeier (Lämmergeier) verfliegt sich gelegentlich noch in die Ostalpen. In entlegenen Felswänden der Südostalpen nisten wenige Brutpaare des Gänsegeiers. Man mag einwenden, diese Vögel seien Hochgebirgsbewohner von Anfang an gewesen, doch brüten sie in Südeuropa auch im Berg- oder Hügelland. Vom Steinadler, unserem Wappentier, wissen wir aus alten Beschreibungen ganz genau, daß er in vielen Gegenden Deutschlands heimisch war. Heute ist seine letzte Zuflucht das Felsgebirge zwischen 1000 und 3000 m Höhe.

Neben diesen Tieren im zweiten Ausrottungsstadium gibt es heute in den Alpen solche der ersten Phase. Bei Brehm werden sie noch alle als in ganz Deutschland häufig geschildert. Der Uhu zählt dazu, unsere größte Eule. Falken, Marder und Iltis, auch der Fischotter sind nur noch in Gebirgsgegenden häufig. Und bald stehen auch Fuchs und Dachs heran, die sich derzeit noch im Vorstadium befinden. Doch wie wird es in hundert Jahren sein? Sind dann alle die genannten Tierarten ausgerottet im Herzen Europas, dazu noch die zwar „harmlosen" aber als Wildbret geschätzten Wildhühner: Birkhuhn, Haselhuhn, Steinhuhn und Auerhuhn, die sich auch schon fast vollständig in Gebirgslagen zurückgezogen haben? Am Menschen wird es hängen, ob die Alpen echte Zuflucht für die bedrohten Tiere bieten oder nur Endstation sind.

Auerhahn

Steinadler (oben links). - Auerhahn (oben rechts). - Gänsegeier oder Weißkopfgeier mit der charakteristischen Halskrause (unten links). - Braunbär (unten rechts).

Aspisviper

Viviparie

Die Reaktionsgeschwindigkeit chemischer Vorgänge hängt von der Temperatur ab. Das Wachstum eines Keims wird bestimmt durch den Ablauf von Stoffwechselvorgängen. Jedes Ei benötigt zur Entwicklung also Wärme. Bei den Säugern wird ihm diese durch den mütterlichen Körper, bei den Vögeln durch die Körperwärme des Brutvogels zugeführt. Wassertiere laichen in seichten Gewässern, wo die Sonne das Wasser allmählich erwärmt und dieses, als schlechter Wärmeleiter, die Temperatur lange Zeit fast gleich hält. Wechselwarme Landtiere, vor allem solche mit hochentwickeltem Körperbau, sind bei der Fortpflanzung im Nachteil. Der Keimling braucht längere Zeit zur Vollendung. Die Insekten haben hier ein selbständiges Larvenstadium dazwischengeschoben. Als primitiv gebaute Vorstufe verläßt der Keimling früh das Ei und ernährt sich eigenständig. Die zugeführten Nährstoffe verwendet er zum allmählichen Ausbau oder speichert sie, um während des Puppenstadiums den Bauplan auf einmal zu realisieren. Ein solches Zwischenstadium haben auch die sich im Wasser fortpflanzenden Lurche. Bei den Reptilien entschlüpft dem Ei dagegen ein zwar noch kleines, aber in allen Teilen voll ausgebildetes Jungtier. Nur in warmen Gegenden kann das gelingen. Gegen Diebe müssen ja die Eier versteckt, also möglichst in die Erde eingegraben werden. Bergeidechse, Kreuzotter und die südliche Aspisotter können aber noch in 3000 m Höhe vorkommen. Die Weibchen tragen die Eier lange Zeit im Körper. Sie suchen dabei offene warme Plätzchen zum Sonnen auf. Bei Gefahr verstecken sie sich. So schützen und wärmen sie das „Gelege". Kurz vor oder nach dem Legen schlüpfen die Jungen. Man bezeichnet diese Tiere als lebendgebärend, vivipar. Alle Ottern sind vivipar. So finden wir auch Sand- und Wiesenottern in den Südalpen noch über 2000 m. Dasselbe gilt für die Blindschleiche, während die anderen Echsen mindestens 500 m tiefer bleiben. Die Nattern sind eierlegend. So bleibt auch die Äskulapnatter der Westalpen unter 1600 m. Die Schlingnatter ist eine Ausnahme. Sie ist vivipar. Man findet sie noch bei 2000 m. Eigenartigerweise kann die eierlegende Ringelnatter bis nahe 2500 m vorkommen. Des Rätsels Lösung: Sie hat sich von der Sonne unabhängig gemacht. Ihre Eier versteckt sie in modernden Pflanzenresten. Die Verwesungswärme des Komposts ist ihre Brutenergiequelle.

Während bei den lebendgebärenden Reptilien sich die Jungen im Mutterleib, aber in der normalen Eischale entwickeln (Ovoviviparie), kommt beim Alpensalamander echte Viviparie vor. Der schwarzgefärbte (Wärmeschutz!) Lurch führt auf Steinrasen bis zu 3000 m Höhe ein vorwiegend nächtliches Leben, doch kann man ihn an feuchten Tagen oft massenhaft antreffen. Zwei bis drei Sommer lang entwickeln sich im Körper des Weibchens ein bis zwei Kaulquappenlarven von etwa 50 Eiern unter Verbrauch des ganzen Dotters. Erst nachdem die überlangen Außenkiemen eingeschmolzen wurden und die Gliedmaßen sich entwickelt haben, werden die vollentwickelten Tiere geboren.

Viviparie als Anpassung an den extrem kurzen und klimatisch ungünstigen Alpensommer zeigen auch manche Pflanzen, wie Rispengras und Knöllchenknöterich. Allerdings werden hier nicht, wie bei der echten Viviparie, Samen zu Jungpflanzen, sondern ganze Blüten wandeln sich in Ableger um.

Blindschleiche

Alpensalamander in der typischen schwarzen Tracht (oben links). - Bergeidechse, charakteristisch die orangegelbe Unterseite (oben rechts). - Glattnatter, eine Schlange (unten links). - Blindschleiche, eine Echse (unten rechts).

Tarnung

Anpassung an Unter- und Hintergrund durch entsprechende Körperfärbung spielt im Tierreich oft eine (über-)lebenswichtige Rolle. Das gilt für den die Beute aufspürenden Jäger, noch mehr aber für die Bejagten. Vor allem dann, wenn sie oberirdisch leben und relativ klein sind, nützt Flucht vor den oftmals größeren und schnelleren Feinden weniger als das Verschmelzen mit der Umgebung. Ein Problem besonderer Art stellt sich dabei für die Fauna unserer Klimate. Der Winter bringt einen eklatanten Farbwechsel in die Landschaft. Im Schnee fällt ein erdbraunes Fell weithin auf und vermindert die Lebenschancen seines Trägers gewaltig. Mehrere Arten haben sich diesen besonderen Gegebenheiten angepaßt und wechseln mit dem Sommerkleid im Herbst auch gleichzeitig die Farben. Nur kann der Balg oder der Pelz nicht alle paar Wochen wieder umgefärbt werden. In den Niederungen ist die weiße Periode sehr kurz, oft nur einige Tage bis wenige Wochen. Die Chance, einige Wochen im Schnee mit braunem Fell zu überdauern, ist jedenfalls größer als die, ein paar Monate im schneeweißen Pelz zu überstehen, wenn ringsherum nur braune und grüne Farbtöne zu sehen sind und wenn zudem Wald und Feld besonders „durchsichtig" sind. Im Gebirge, wo sich der Schnee monatelang hält, ist die Lage natürlich gerade umgekehrt. Ein sehr schönes Beispiel für die Farbanpassung an den Gebirgs- und den Niederungswinter liefern uns die beiden nah verwandten heimischen Hasenarten. Der allbekannte Feldhase steigt sommers höchstens bis in die Mittelgebirgslagen um 1500 m. Winters zieht er gern weiter zu Tal. Sommer- und Winterfell sind gleich hellgraubraun gefärbt. Damit ist er mindestens 9 Monate im Jahr hinreichend getarnt. Als dämmerungsaktives Tier verbringt er meistens die kurzen Wintertage im Versteck unter einer Hecke oder neben einem Baumstamm. So fällt er kaum auf. Nachts, wenn sowieso „alle Hasen grau sind", zieht er zum Futter. Wenn im Frühjahr die Rammler auf Brautschau sehr unvorsichtig werden oder frisch gesetzte Junghasen durch den Tag tollen, liegt höchstens noch fleckchenweise Schnee. So gibt es reichliche Möglichkeiten zum erfolgreichen Sichdrücken, wenn man nur den Angreifer so rechtzeitig bemerkt, daß man ihn in kurzer Flucht noch austricksen kann. Der hellbraune Schneehase färbt sich im Herbst bis auf die schwarzen Ohrspitzen weiß. Sommers bis über 3500 m steigend, bevorzugt er jetzt den oberen Wald und die Latschenregion. Hier liegt mindestens 6 Monate Schnee. So ist er hervorragend getarnt. Er ist vorzugsweise tagaktiv, denn die Nächte im Gebirge sind grimmig kalt. Seine Füße sind übrigens besonders für den Schneelauf eingerichtet: Die weit spreizbaren Zehen tragen starre Haare zur Verbreiterung der Laufflächen.

Schneehuhn

Das Schneehuhn, das ein ähnliches Gebiet wie der Schneehase bewohnt, hat sich in gleicher Weise an das lange Schneeleben angepaßt. Es mausert sein grau-schwarz-weiß-gesprenkeltes Sommergefieder zum weißen Winterbalg. Die ober- und unterirdisch jagenden Wiesel leben im Tiefland und im Gebirge bis 3000 m Höhe. Während das Große Wiesel (Hermelin) sich winters stets weiß färbt, bleiben die Tieflandrassen des Mauswiesels rotbraun, und nur die Alpenbewohner ziehen ihr weißes Tarnkleid an.

Schneehuhn im Winterkleid (oben links). - Hermelin im Winterkleid (oben rechts). - Schneehase im Winterkleid (unten links). - Schneefink, Jungtier (orangegelber Schnabel) in der ersten Mauser (unten rechts).

Überwinterung der Kleinsäuger

Murmeltier

Verglichen mit seinem Volumen hat ein großer Körper eine relativ kleine Oberfläche: Ein Würfel von 1 cm Kantenlänge hat einen Inhalt von (1 x 1 x 1 =) 1 cm^3 und mit seinen sechs Seiten eine Oberfläche von (6 x 1 x 1 =) 6 cm^2. Verhältnis Inhalt : Oberfläche = 1 :6. Bei 2 cm Kantenlänge ergeben sich (2 x 2 x 2 =) 8 cm^3, (6 x 2 x 2 =) 24 cm^2 und damit ein Verhältnis 1 : 3. Bei 6 cm ist es schon 1 : 1. Bei einer Vergrößerung nimmt die Oberfläche nur im Quadrat, das Volumen aber in der dritten Potenz zu.
Für Säuger bedeutet dies: Je kleiner das Tier, desto mehr wärmeabstrahlende Oberfläche im Verhältnis zur wärmeproduzierenden Masse besitzt es. Bei gemäßigten Temperaturen ergeben sich daraus keine Probleme. Der lange, nahrungsarme alpine Winter aber begrenzt die Lebensmöglichkeiten kleiner Organismen. Der rasche Wärmeverlust muß durch eine Steigerung des Grundumsatzes (Verbrennung von Nahrung oder gespeicherter Fettreserve) ausgeglichen werden. Bei Tieren von wenigen Gramm Gewicht bedeutet das, daß sie täglich ihr ganzes Körpergewicht an Nahrung oxidieren müßten. So können auf der freien Fläche nur Säuger überdauern, die mindestens einige Kilogramm wiegen. An der Grenze steht der Schneehase mit 2 bis 5 kg. Die Leichtgewichte haben zwei Möglichkeiten zum Überleben:
Da ist einmal der Winterschlaf, wie er von den Fledermäusen und vom Murmeltier praktiziert wird. Dieses graubraune, etwa hasengroße Nagetier bewohnt sonnige Bergwiesen und Geröllhänge zwischen 1000 und 3000 m Höhe. Die normalerweise recht scheuen Tiere leben kolonieweise. Wohl jeder Alpenfreund kennt ihre schrillen Warnpfiffe, die die ganze Gesellschaft blitzartig in die Wohnhöhlen verschwinden lassen. An stark besuchten Ausflugszielen haben sich die Tiere auch z.T. an die harmlosen Menschen gewöhnt und bilden oft recht zudringliche Bettelgemeinschaften. Fressen und Fettansetzen ist für die Murmeln eine wichtige Beschäftigung. Im Herbst bringen sie in die bergabwärts gelegenen Überwinterungshöhlen Heu ein und verkriechen sich dann für über sechs Monate in den bis zu drei Meter unter der Erde liegenden Schlafhöhlen. Es ist kein normaler Schlaf, in den sie verfallen. Alle Lebensvorgänge sind stark herabgeregelt. Atmung und Herzschlag sind über 100mal langsamer als normal, die Körpertemperatur ist bis in die Nähe des Gefrierpunkts herabgesetzt. Nur so reichen ihre Fettdepots bis zum neuen Frühjahr, wo sie sich dann mit um die Knochen schlotterndem Fell über die eingebrachten Vorräte hermachen, bis das saftige Gras herangewachsen ist.
Wiesel, Spitzmäuse und vor allem die echten Mäuse überdauern den Winter bei voller Aktivität unter der schützenden Schneeschicht. Die Schneemaus (Alpenwühlmaus) ist sogar von allen Säugetieren die höchstlebende Art. Sommers sieht man sie oft in der Umgebung der Hütten, aber auch auf Matten und Geröllhalden in reger Tätigkeit. An ihrem beim Lauf hocherhobenen Schwanz ist sie leicht zu erkennen. Sie frißt vor allem pflanzliche Kost. Um Blattrosetten und Gras abzuweiden, gräbt sie Gänge unter dem Schnee. Außerdem wühlt sie im Boden lange Höhlen, um an Wurzeln zu gelangen. Ihr Schlafnest ist mit Heu warm ausgepolstert. So hat sie für besonders schlechte Zeiten in ihrem bis zu 9 Monate währenden Winter einen Notvorrat.

Gartenschläfer (oben links). - Alpenmaus (Schneemaus, Alpenwühlmaus), Fell grau, Füße weiß (oben rechts). - Alpenfledermaus (unten links). - Murmeltier (unten rechts).